「日本維新の会」が掲げる

グラレコ版 日本大改革プラン

グラレコ（グラフィックレコーディング）とは、イラストなどを駆使して会議や講演の内容をリアルタイムに視覚的に記録する手法のことです。わかりやすい表現で、込み入った話の流れを可視化することで、参加者の認識や理解にズレがなくなる効果が期待できます。最近ではビジネスや教育の現場で、イラストレーターやデザイナーといったクリエイターが活躍できる新たな機会としても注目されています。

本書の巻頭では、日本維新の会が掲げる成長戦略の政策パッケージ『日本大改革プラン』のグラレコ版を掲載します。増税に苦しみ、年金制度も行き詰まるなど、負のループから抜け出せない日本社会の解決策を提案します。本文とあわせてご覧ください。

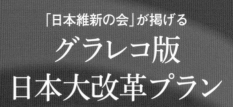

GRAPHIC RECORDING

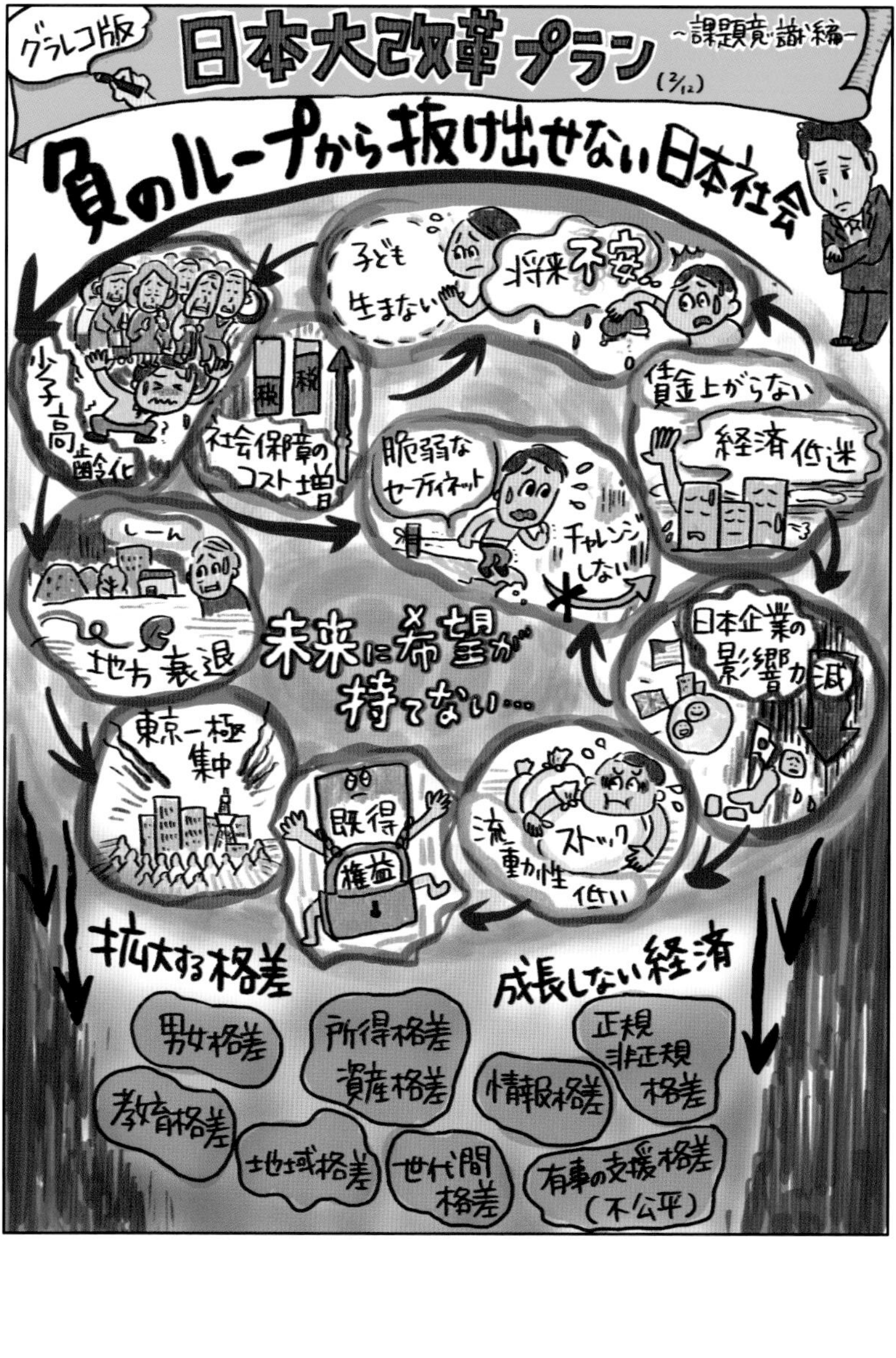
グラレコ版
日本大改革プラン
~課題発見・議論編~
(2/12)
負のループから抜け出せない日本社会
子ども生まない
将来不安
賃金上がらない
経済低迷
少子高齢化
税
税
社会保障のコスト増
脆弱なセーフティネット
チャレンジしない
しーん
地方衰退
未来に希望が持てない…
日本企業の影響力減
東京一極集中
既得権益
ストック
流動性低い
拡大する格差
成長しない経済
男女格差
所得格差
資産格差
正規非正規格差
情報格差
教育格差
地域格差
世代間格差
有事の支援格差（不公平）

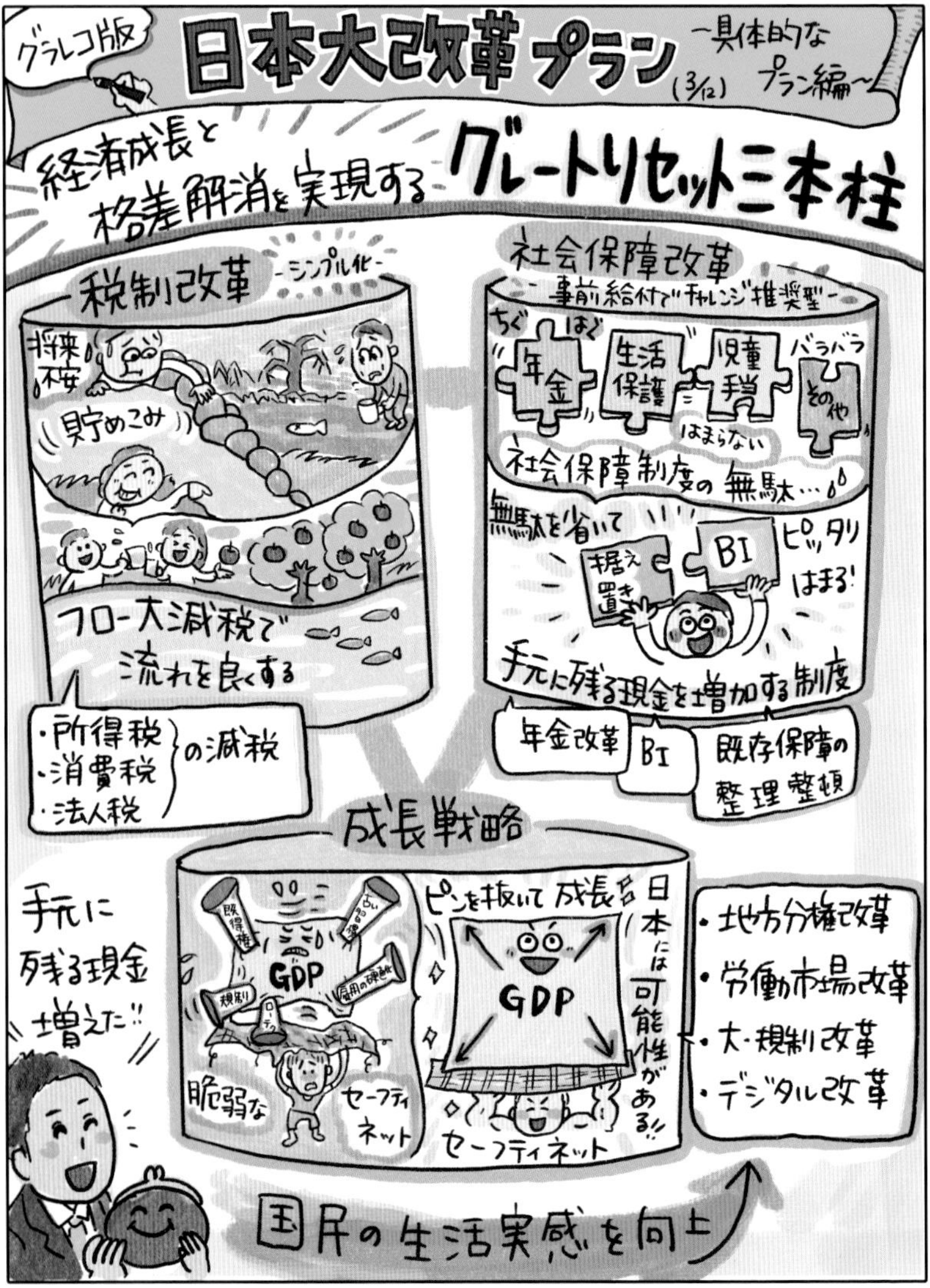
グラレコ版
日本大改革プラン
(3/12)
〜具体的なプラン編〜
経済成長と格差解消を実現するグレートリセット三本柱
税制改革
-シンプル化-
将来不安
貯めこみ
フロー大減税で流れを良くする
・所得税
・消費税
・法人税
の減税
社会保障改革
-事前給付で"チャレンジ推奨型"-
ちぐはぐ
年金
生活保護
児童手当
その他
バラバラ
はまらない
社会保障制度の無駄…
無駄を省いて
据え置き
BI
ピッタリはまる!
手元に残る現金を増加する制度
年金改革
BI
既存保障の整理整頓
成長戦略
既得権
古い習慣
GDP
規制
ロビー
雇用の硬直化
脆弱な
セーフティネット
ピンを抜いて成長を
GDP
セーフティネット
日本には可能性がある!!
・地方分権改革
・労働市場改革
・大・規制改革
・デジタル改革
手元に残る現金増えた!!
国民の生活実感を向上

GRAPHIC RECORDING

グラレコ版
日本大改革プラン
—BIの有効性編—
(5/12)
なぜベーシックインカム（最低所得保障）が必要？
現状
パンデミック
誰が困ってるの?!
有事の時にすぐ動けないセーフティネット
災害
わからない…
事後型
だからすぐもらえない
いつ…
申請型
審査
もらえる
もらえない
不公平
閉店
解雇
やとい止め
100の問題に100の対応
疲弊してしまう
ベーシックインカムなら事前型セーフティネット
平時も
有事も
保障は全員に行きわたる
安心
年金問題
経済鈍化
労働市場問題
生活保護問題
パカーン
ベーシックインカム
いろんな問題をシンプルに一気に解決!!
わーっ
パチパチ

グラレコ版
日本大改革プラン
〜年金問題編〜
(6/12)
現行の年金制度の問題点
低年金・無年金問題
月に3〜4万円
暮らせない
セーフティネットとして成り立たない
すでに数百万人いる
ますます増える
現役世代も約30%が未納。
高い!
払えない!!
やがて低年金に・・
老後生活保護増える…
年金財政の持続可能性の問題
基礎年金
保険料
税金
国庫
もう足らない…
少子高齢化
影響大
支出減の策
給付減
えーっ
支給開始を遅らせる
収入増の策
えーっ
保険料増額
ツライ…
報酬比例部分は維持して
だから
BI
BI
BI
ベーシックインカムで大改革!

グラレコ版
日本大改革プラン
〜生活保護問題編〜
(7/12)
現行の生活保護制度の問題点
制度の利用は貧困世帯のうち約20%にとどまる
・イメージ悪い
・働く場や学びの阻害
・扶養照会されてしまう
・資産を持てない
利用しづらい
受給していても…
余分に働くと減らすよ
大学進学なら給付やめるね
働く意欲
貧困の連鎖
生活保護で救えない人たち
対象外
大勢いる…
働けど働けど
貧しい…
ワーキングプアが増えている
有事の時の一時的な生活困窮には適さない
閉店
解雇
チャレンジできない
狭く深く抜け出しにくい生活保護
ベーシックインカムでユニバーサルな生活保障を!
チャレンジできる!
BI

グラレコ版
日本大改革プラン
(8/12)
〜労働市場問題編〜
労働市場とベーシックインカム
労働市場の問題
成長産業への移行難しい
簡単に辞められない
衰退産業
正規
おーい
復帰
一度辞めると再就職難しい
非正規
フレキシブルでない
格差変えられない
全然進まない!!
働いても貧しい…自立できない
氷河期世代
賃金上がらない
放っておくと社会保障問題になってしまう!!
自立できない生活保護
年金未納
ベーシックインカムで本当にやりたいことをやろう!!
出発!
出産後の復帰!!
チャレンジ!
新天地へ!!
流動化
学びなおし支援
再就職支援
解雇規制緩和
多様な働き方を支える
フレキシブル+セキュリティ
エッセンシャルワーカ賃金UP
フレキシキュリティで労働市場を活性化させる!!

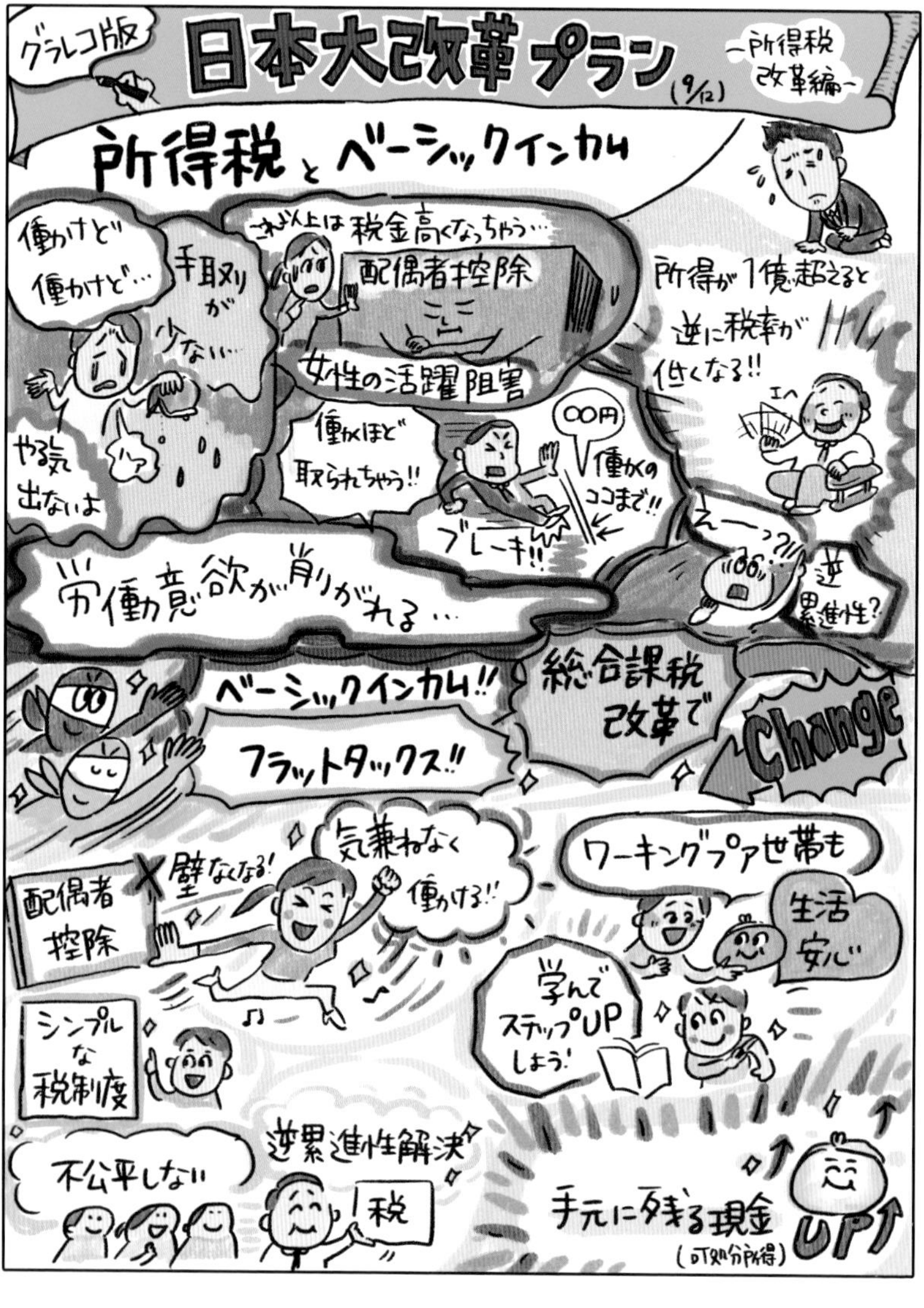
グラレコ版
日本大改革プラン
(9/12)
―所得税改革編―
所得税とベーシックインカム
働けど働けど…
手取りが少ない…
ハァ
やる気出ないよ
これ以上は税金高くなっちゃう…
配偶者控除
女性の活躍阻害
働くほど取られちゃう!!
○○円
働くのココまで!!
ブレーキ!!
所得が1億超えると逆に税率が低くなる!!
エヘ
え―っ?
逆累進性?
労働意欲が削がれる…
ベーシックインカム!!
フラットタックス!!
総合課税改革で
Change
配偶者控除
壁なくなる!
気兼ねなく働ける!!
ワーキングプア世帯も
生活安心
学んでステップUPしよう!
シンプルな税制度
不公平しない
逆累進性解決
税
手元に残る現金
(可処分所得)
UP

グラレコ版
日本大改革プラン
―ベーシックインカム編①―
(10/12)
ベーシックインカムがあったら…
独立起業にチャレンジできる
ワクワク
やりたかったことやってみよう!!
ベーシックインカムがあれば!!
生活コスト高い
生活コスト安い
地方移住の促進
有事の一時的な失業者
低年金
無年金
セーフティネットとして機能
ワーキングプア抜けだせる
広く全員に行き渡る保障
配偶者控除の壁
のびのび働ける♪
多様な働き方ができる
経済的不安の解消
だからチャレンジできる!!
発揮するぞ―!!

グラレコ版
日本大改革プラン
(11/12)
—ベーシックインカム編②—
チャレンジのための
セーフティネットとしてのベーシックインカム
生活のため…
将来への不安
今のままでいいか…
出たくないな
ここにいればいいよ
ガマンガマン
やってみたい!!
チャレンジ!!
ドキドキ
こうしてみたらどうだろう?
チャレンジを後押しするセーフティネット
ベーシックインカム
きっとできる!!
失敗しても再チャレンジできる
自分らしさ
のびのび
社会の活力を取り戻す

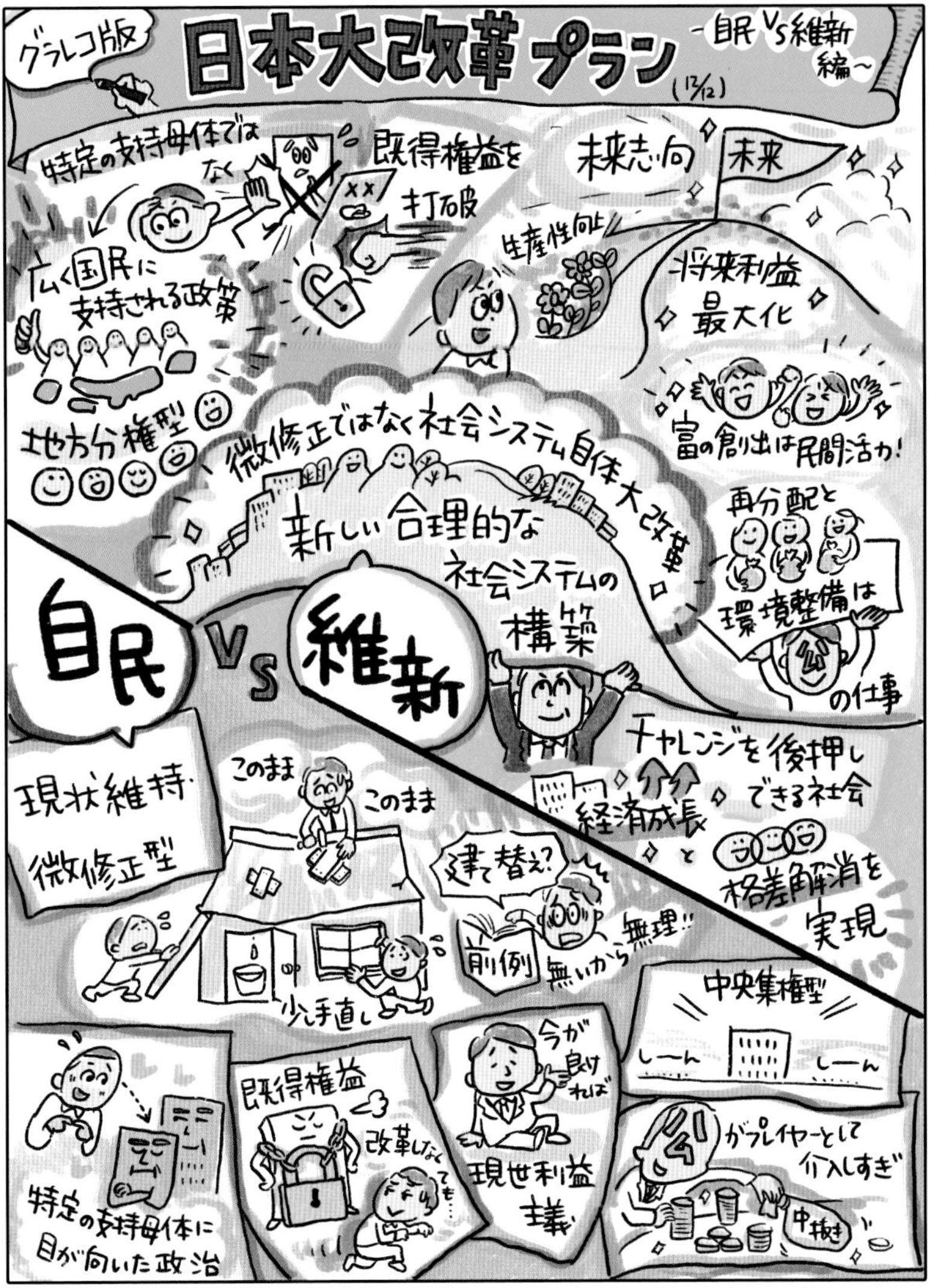
グラレコ版
日本大改革プラン
〜自民VS維新編〜
(12/12)
特定の支持母体ではなく
広く国民に支持される政策
既得権益を打破
未来志向
未来
生産性向上
将来利益最大化
地方分権型
富の創出は民間活力!
微修正ではなく社会システム自体大改革
新しい合理的な社会システムの構築
再分配と環境整備は公の仕事
自民
VS
維新
現状維持・微修正型
このまま
このまま
建て替え?
前例無いから無理!!
少し手直し
チャレンジを後押しできる社会
経済成長と格差解消を実現
中央集権型
し〜ん
し〜ん
特定の支持母体に目が向いた政治
既得権益
改革しなくても…
今が良ければ
現世利益主義
公がプレイヤーとして介入しすぎ
中抜き

Size5
MADE IN INDIA

日本

藤田文武

1980年12月27日、大阪府寝屋川市生まれ。寝屋川市立三井小学校 、寝屋川市立第十中学校、大阪府立四條畷高等学校と地元で育ったのち、2004年に筑波大学体育専門学群を卒業。同年4月より大阪府立の高等学校にて保健体育科講師として勤務。その後、スポーツマネジメントを学ぶために海外に渡航し、スポーツマネジメント関連のベンチャー企業に勤務。執行役員兼マネジメント事業本部長を経て、会社を設立。2017年10月、日本維新の会公認で衆議院選挙に出馬し落選するも、2019年4月の衆議院議員補欠選挙（大阪12区）にて初当選を果たす。国会議員団広報局長、政調会副会長、ダイバーシティ推進局局長代行などを経て、2021年11月に日本維新の会の幹事長に40歳の若さで就任。以来、会社員と経営者の経験と概念を政界に持ち込み日本大改革を実現すべく「政党を経営」している。

40代政党COO日本大改革に挑む

衆議院議員／「日本維新の会」幹事長
藤田文武
FUMITAKE FUJITA

はじめに

この本のタイトルを見て「ＣＯＯってどこかの会社の偉い人の肩書みたいだな。なんで政治家が使うのかな」と不思議に思った方は多いでしょう。

ＣＯＯはChief Operating Officer（最高**執行**責任者）の略称です。昔の日本の商家で言う「番頭」が近いかもしれません。そして、**ＣＥＯ**はChief Executive Officer（最高**経営**責任者）なので「社長」や「主人」に当たります。

日本維新の会の「ＣＥＯ」は馬場伸幸代表です。馬場代表を補佐し、党で決めた方向性に沿って、日々の業務（政党活動）を進めていくのが「政党ＣＯＯ」である幹事長の役目です。

なぜ政党のＣＯＯを私が名乗るのか。それは今、私が拝命している維新の幹事長という役職の立ち位置を、ビジネスパーソンのあなたにイメージしていただきやすいように例えてみたからです。

政治や選挙というと何か縁遠く感じてしまいそうですが、この本は、経営者や会社員の方々にできるだけ身近に感じていただけるように書いてみたつもりです。それが、かつて小さな会社を経営し、皆さんと同じく1円を稼ぐための苦労を実感した私が、初めての執筆にあたって本書に込めた思いです。

この春の統一地方選挙、私が幹事長を務める日本維新の会は、全国各地でたくさんの仲間が当選しました。「今までの政治のやり方を変えてほしい」との強い有権者の思いをひしひしと感じます。

30年の長きにわたる低成長で、お給料は上がらず、さまざまな経済指標で日本は世界から取り残されています。そこへロシアのウクライナ侵攻を契機にした世界的な物価高で、皆さんの暮らしが圧迫されています。それなのに政府与党は場当たり的な対応に終始し、安易な増税をはじめとする国民への負担増に走ろうとしています。

今こそ対症療法から抜本改革への転換が必要です。このままだと私の生まれ育った大阪も、そして日本の国も沈んでしまうのではないか……。私は危機感に突き動かされ、民間から政治の世界に飛び込みました。

そんな私自身のエピソードや経験も紹介しながら、私たちがどう日本を立て直そうとしているのか、日本維新の会という政党がどこへ向かおうとしているのか、多くの人に知っていただきたいと思い、この本を書き下ろしました。

どうか最後までお付き合いいただければ幸いです。

２０２３年９月吉日　藤田文武

CONTENTS

［第一章］

まず隗《かい》より始めよ

「増税ありき」は許されない！

まず隗より始めよ――「まずは自分から行動を起こさねばならない」「どんな大事業もまずは自分の身の回りのことから始めなければならない」という意味の故事成語です。

本書では、私、そして私が幹事長を務める日本維新の会が提案する日本の大改革について、できるだけわかりやすく説明していきます。しかし、どんな大きな改革も「まず隗より始めよ」。自分たちから積極的に行動しなければ説得力がありません。そこで第1章では、私たちが主張する「身を切る改革」から話を始めることにします。

本書のタイトルにある「政党ＣＯＯ」については、第2章でくわしく取り上げていますので、そちらから読み始めていただいても結構です。

さて、皆さんはお手頃な価格でランチを食べたい時、マクドナルドを利用されることも多いでしょう。私も「マクド」（関東では「マック」ですね）はたまに食べますが、私の大好きなビッグマックはこの本を出すまでの1年間だけで三度も値上がり。３９０円だったのが４１０円、４５０円となり、ついに５００円に（※地域差あり）。セットに何か一品つけたらレジで１００

0円に届きそうで、先日もレジのお買い上げ金額を思わず二度見してしまいました。よく行く立ち食いソバ屋さんも天玉ソバが700円、お気に入りのこってりラーメンのお店はトッピングなしのデフォルトで1000円を超えてしまいました。

値上げの理由はロシアのウクライナ侵攻を契機に始まった世界的なインフレです。ロシアに経済制裁をしたのは当然のことでしたが、エネルギー大国でもあるロシアとの取引が制限されたことで原油高となり、さらには物価高になりました。コロナ禍につづき、電気代の高騰やこのインフレ。過去30年でもこれほど生活が急に苦しくなった局面はありません。

ところが、政府与党は防衛費の倍増や少子化対策などを名目に、安易に増税方針を打ち出し、社会保険料の増額なども検討しています。もちろん、安全保障も少子化も極めて重要な課題です。しかし国民の皆さまからご負担をお願いする前に、政治の側が無駄をなくす努力を十分してきたと言えるでしょうか。

私は政治家になる前は、スポーツジム、介護や障害福祉の施設を運営する会社を経営していました。仕入れや電気代が上がったからといって、無駄な経費を何も削減しないで、安易に値上げをお願いしたら、お客さまや利用者さんは辞めてしまうでしょう。

どんな商売もそうですが、値付け、値上げは最も気を遣うところです。マクドナルドだって、ご近所のスーパーだって、本当に断腸の思いで値上げをしていると思います。

あえて乱暴な例えをします。国を会社に見立てると、福祉、教育、治安、防衛など行政のサービスを享受する国民はお客さまです。そう考えると税金は「対価」としての性格もあります。増税は値上げです。

では、会社としての国は、無駄をなくすように極限まで努力しているでしょうか。

国のお金が適正に使われたのかを監督する会計検査院という組織があります。内閣から唯一完全に独立している行政機関です。その会計検査院が2022年11月、前年度の決算検査報告をした際、税金の無駄遣いや有効に活用されていないものが310件、総額で455億円にものぼることが判明しました。毎年その中身を見ていくと、あきれるものがあります。実はその前の年の検査報告ではもっとひどく、総額で約2100億円もの無駄が指摘されていたのですが、財務省が使う見込みのない記念貨幣の製造材料として溜め込んだままの金地金が1600億円もあったのです。

財務省は過去の記念通貨の発行状況から「極端に過大なものではない」と考えていたようですが、会計検査院の指摘に従って売り払ったようです。

さらに言えば、近年のコロナ対策事業は要注意です。2019～21年度の3年間で約18兆

円(!)もの予算が使われずに残されていることも指摘されています。国の当初予算が近年は110兆円ほどの規模ですから、実にその6分の1も占める額です。

ここまで書くと「なんだ、税金が余っているんじゃないか。納めて損した」とお感じになったかもしれません。「税金が余っている」という言い方は必ずしも適切ではないかもしれませんが、使途を厳しく精査せずに多めに予算組みをして余らせる、その一方で税金が足りないとして増税の議論を進めるということが罷り通っています。

実は無駄が膨らむ理由は、役所のせいばかりではありません。そのあたりのことはこの後くわしく書いていきますが、とにかく、政治家が安易に「増税ありき」で進めようとする姿勢は許されません。

まずは議員から身を切れ！

「国民に新たなご負担をお願いする前に、国が無駄をなくしてから」だという場合、政治家は何をすべきでしょうか。それはまず政治家から自分の身を切って模範を示すことで、役所の職員にも納得してもらい、さらには国民にも共感してもらうことで、行政のスリム化といった改革の流れを作っていくことです。いわゆる「身を切る改革」です。

「身を切る改革」といえば記憶に新しい出来事があります。２０２１年秋、私が2期目の当選を決めた総選挙が終わった直後、文書通信交通滞在費（文通費）のあり方が問題になりました。

文通費とは、国政に関する調査研究、広報、滞在等の議員活動を行うために法律で認められた経費です。当選すると議員には毎月１００万円が支給されるのですが、その使い道は、文字どおりの通信費や交通費に限らず、事務所代やスタッフの人件費に充てている議員も多く、しかも領収書を出さなくてもいい「特権」が認められています。何に使ってもわからないゆえに、実際は私的な用途に使っている議員も多いのではないかと疑われてきたのです。民間企業で考えれば、領収書の添付なく１００万円もの経費が認められることなどないでしょう。

以前から維新は独自に領収書を公開し、問題提起してきましたが、他の政党が取り合わない状態がつづいてきたところ、同年の総選挙直後に「事件」が起こります。

新人の小野泰輔《たいすけ》議員が、初登院から議員会館の部屋に戻ると、机の上に札束入りの紙袋がドンと置いてありました。中身を開けると１５０万円。10月分と11月の前半分が入っていたのです。

ここで問題になったのはこの選挙で議員が当選したのは10月31日。つまり10月はたった１日しか議員になっていないのに、１か月分が丸々支給されていたことです。しかも歳費（給料）は日割りなのに、文通費はフル支給。小野さんは「これはおかしいのではないか」と問題提起してブログで〝告発〟したところ、ＳＮＳで大反響を呼び、やがてマスコミでも騒ぎとなってワイドショーでも取り上げるようになりました。懸命に働いて納税している多くの国民から反感を買うのは当然のことでしょう。こうなると、自民党など他党も重い腰を上げて改正に乗り出さざるを得ません。

そして翌年４月に文通費に関する法律が改正され、名称も「調査研究広報滞在費」に変更。日割り支給に改められました。この間、私たちは議員立法で、領収書添付による使い道の公開や、使わなかった分の返還もするように提案していましたが、与党側が最後まで抵抗。まずは日割り支給を実現することを優先して法改正に賛成しました。

私たちが提唱している「身を切る改革」に対して「痩せ我慢をしていても意味がない」「国会議員全員の経費を合わせたところで、１００兆円の国家予算のごく一部に過ぎない」というご批判があることは承知しています。しかし政治は、言葉に行動が伴ってこそ初めて動き出すのも事実です。**小野議員の問題提起をきっかけに「日割りにすべきではないか」という世論**

が勢いを得たからこそ、1つの改革が実現したのです。この一連のプロセスこそが最も重要なことです。

当時、記者会見でも申し上げましたが、この問題の「本丸」は、領収書添付による使途公開と未使用分の返還であることに変わりありません。政治家の行き過ぎた特権をなくし、国民の皆さまに納得していただける税金の使い方を実現すべきです。まずは己の身を切る――これからも、維新の会としては、必ず実現するように進めていくつもりです。

大阪では議員のイスも減らした維新

国会の「身を切る改革」は、領収書を貼る、貼らないで揉めているレベルなのですが、私たち維新は、橋下徹さん、松井一郎さんたち創業メンバーの時代になんと議員のイスの数を2割も減らしたことがあります。

維新の本拠地である大阪は、昭和後期から東京一極集中のあおりで、かつては大阪にあった大企業の本社機能が続々と転出してしまい、さらに平成に入ってから長期停滞の波をもろに受けたことで税収がダウン。法人2税（法人住民税、法人事業税）の収入に至っては、平成元年（1989年）の8352億円からの10年で3948億円と、半減しました。

一方で、大阪府は昭和の豊かだった時代、革新府政で福祉予算が大幅に増えたことで、税収が落ち込む割にコストがなかなか減らせないという状況で大変な財政難に陥り、国による財政再建団体の指定を受ける寸前に至りました。財政再建団体は、民間で言えば、橋下さんが知事就任当初に話された「破産状態の会社」。鉛筆1本を買うにも国にお伺いを立てなければと揶揄《やゆ》されるほど、自治権を失うことになります。

横山ノック知事、太田房江知事の時代にもなんとか財政再建をしようと試みてきましたが、ノックさんは議会に基盤がなく、逆に自民・公明・民主相乗りで当選した太田さんはしがらみもあって、それぞれメスを入れ切れず、立て直せませんでした。

そして橋下さんが知事になり、自民党を飛び出してきた松井さんや馬場伸幸さん、浅田均さんたちとチームを組んで、大阪維新の会による、自民党から共産党まで「改革に反対する勢力との戦い」が始まります。

そして大阪の人たちは維新の会に軍配を上げてくださいました。2011年の大阪府議選で維新が過半数を制したことで、府議会の議員定数を109から88へと一気に2割も削減する条例改正案を通したのです。都道府県議会でここまで削減したのは前代未聞のことでした。

議席を減らしただけではありません。議員報酬も93万円から65万円に3割カットしました。

橋下さんが政治家を退任される直前、松井さん、吉村洋文さんとの座談会で当時のことを「身を切る改革って言ってる人たちがいろいろいますけど、僕ら本気でやったんで」と振り返っておられました。当時、私は政治家になる前の一有権者でしたが、心の底からすごいことだと思いました。私自身、経営者として身を切ることがいかに大変かを痛感していたからです。改革は決して楽ではないのです。

この府議会の定数2割削減という出来事は、将来、国政で政権獲得を目指していく上でも、私たちのスピリッツを示しつづけるための「原点」でありつづけると思います。

まず政治家から身を切ることが、役所の職員、そして有権者の方に姿勢を示し、ひいてはさまざまな改革を進めていくことで皆さんに還元していく一丁目一番地の政策になります。

身を切るとは既得権を壊すこと

私と同世代、もしくは少し若い方で、政治のニュースに少し関心のある人であれば「身を切る改革」という言葉は、私たち維新の〝専売特許〟のように思われていそうですが、実は維新が国政に進出する前から政治の世界では使われていました。

もう10年以上前のことですが、民主党政権の終盤、野田内閣の時代の首相官邸ホームページを見ると、「『身を切る改革』、力強く進めています。」というコピーが掲げられ、そこには「行政の無駄をなくし、よりよい行政サービスを、より効率的に提供することを目指す、『行政改革』。現在、改革を着実に実行に移すべく、野田（佳彦）総理、岡田（克也）副総理を中心に、政府一丸となって、取り組んでいます。」とアピールしています。

「身を切る改革」の語源ははっきりとはわからないのですが、昔の新聞記事をさかのぼると、自民党の政治家も使っていた過去があります。誰だと思いますか？　それは小泉純一郎元総理。予想どおりという方もいらっしゃるでしょう。読売新聞によると、１９９７年の厚生大臣時代、当時の橋本内閣が進めていた行政改革について、「医療保険や年金制度などの社会保障構造改革は、国民の痛みを伴うもので、他省庁も身を切る改革をしなければ国民の理解は得られない」と述べていたそうです。後年の郵政民営化をはじめとする改革推進のパワーを感じさせます。

しかし、民主党も自民党も「身を切る改革」は言葉だけが先行し、中途半端に終わってしまいました。民主党政権は3年余りと短くほとんど成果を出せず、小泉さんが退いた後の自民党は、あの安倍晋三元総理のアベノミクスでも第3の矢とされた成長のための規制改革は思うように進みませんでした。

なぜ自民党も民主党も上手くいかなかったのでしょうか。それは、昭和の時代から連綿とつづいてきた、政治家、役所、伝統的な産業界のトライアングルがガッチリと既得権を握りしめ、時代に応じて仕組みを変えようにも、とてつもない抵抗力を発揮して改革のメスを入れさせてこなかったからです。自民党は長く政権にいたので、このあたりの三者の関係が固定化し、民主党も財界の代わりに労働組合がある種のブレーキとなって労働市場などの改革に後ろ向きでした。

本来なら平成の30年間のうちに、昭和からつづいてきたシステムを抜本的に変えるべきだったはずなのに、歴代の政権は対症療法をするのがやっとで、問題の先送りに終始してきました。

しかし新型コロナを機に、官民ともに遅れていたデジタル化の問題や、有事に弱い医療体制など、先送りにされ溜まりに溜まった「宿題」が次々と露呈しました。もう対症療法ではなく抜本改革が必要な段階なのです。

だからこそ、ベンチャー政党である維新は、強い意志を持って既得権者と距離を置いています。民間で考えたら当たり前の改革を、勇気を持って進めていくという、しがらみのない政治勢力が、今の日本に必要なのです。

消費税引き下げを提案する意味

既得権者とのしがらみや癒着で身動きが取れない「古い政治」の最たるものが、安易に税金に頼り、国民に負担を求めることだと述べてきました。コロナ禍になって経済が疲弊してから、そうした古い政治と私たちの考え方の違いが特に浮き彫りになったのが消費税に対するスタンスだと思います。

日本維新の会は2021年12月、向こう2年間、消費税の税率を現行の10％から5％に一時引き下げ、その後も、8％への低減を恒久化するという消費税減税法案を提出しました。

これはその直前の衆院選に際して掲げていた消費税引き下げの公約を果たす意味もありました。選挙前の維新の衆議院議員は私を含めて11人しかいませんでした。これでは維新単独で法案を出すのに必要な20人に届いておらず、国会での影響力は限られていましたが、衆院選を経て私たちは41人にまで議席を増やしていただけたので、独自の法案を出せるようになったのです。

もちろん、過半数は自民・公明の与党が握っているので私たちの法案を簡単に通すことはできませんが、国民により具体的な選択肢を示すことになり、将来、私たちが政権を取った時の布石になります。

小麦粉、食パン、卵、カップ麺、お菓子、油、レトルトカレー、冷凍食品、即席みそ汁……私もよくスーパーやコンビニに買い物に行くのですが、食品関係だけ見渡しても値上げラッシュは止まりません。ここに消費税8％あるいは10％がかかるわけですから、国民生活が疲弊するのは言うまでもありません。消費税を引き下げるというと、「維新は人気取りに走ったのか」とご批判をいただきそうですが、もちろん私たちも、年金や医療、介護などの社会保障や少子化の財源として消費税が導入されてきたことは十分認識しています。

しかし、この法案を提出した時はコロナ禍による経済的打撃がかなり大きい段階でしたから、目先をしのぐための緊急避難としての減税措置は必要でした。実際、諸外国では、ドイツやアイルランドでは税率を一律に引き下げていますし、フランスではマスクなどの医療関連品に、イギリスでは外食やホテルなどに、それぞれ限定して時限的に引き下げました（参照：森信茂樹「欧州の消費税減税はどう評価されているのか」２０２２年7月3日、Ｙａｈｏｏ！ニュース個人）。

では、コロナが落ち着いたら、消費税の制度が今のままでいいかといえば、そこは疑問があります。すべての理由と言うつもりはありませんが、平成の初めに消費税が導入されてから我が国は経済的な停滞がずっとつづいてきました。増税で一時的に税収を増やしたところで、経済を過度に冷え込ませ、長期間、税収を落ち込ませては元も子もありません。

そこで私たちの考える税制では、消費を呼び起こし、経済を成長させる点を最も重視しています。消費税や法人税などを減税することで、まず皆さんの手元にお金が残るようにします。ただ、減税をするだけでは持続可能な国家財政は実現できません。現在は基礎年金や生活保護などにわかれて複雑化している社会保障制度を整理・統合し、ベーシックインカムや給付付き税額控除に移行する、さらには経済が成長しやすい制度作りを次々と断行するという、さまざまな政策をセットで行う抜本的な構造改革を提案しています。

大事なのは制度をとにかくシンプルにして、行政や利権がはびこる構造を壊し、国民本位の社会システムに改めること。そして生活への不安を取り除きながら、お金を使い、経済を大きく回していくようにしていくことなのです。経済が成長すれば自ずと税収も上がってくるというものです。

当然のことながら、既存のシステムや発想にとらわれている政治では、こうした大胆なことはできません。私たちが消費税引き下げを提案しているのは、新しい時代の社会像を実現する大きなビジョンを示す意味があるのです。

防衛費増額は仕方ないが、安易な増税は反対

既得権者たちに政治をおまかせしていると、彼らは自分たちの身を切ることもなく、できる限り利権を守りながら、それでいて安易な増税や社会保険料の増額を繰り返し、結果として国民の負担が増えつづけると、ここまで述べてきました。

社会保障の財源をどう捻出するかという問題で、そうした傾向があったことはこの本をお読みのあなたも実感されていると思いますが、２０２２年の終わりになると、今度は国の安全保障においても同じことが起きようとしていることが浮き彫りになりました。防衛力強化に伴う増税の問題です。

ロシアのウクライナ侵攻をきっかけに、きびしさを増す安全保障環境に対応しようと、政府は毎年５・３兆円規模だった防衛費を、向こう5年間の総額で43兆円規模とこれまでの１・6倍に増やそうとしています。

日本や東アジアの安全保障環境は世界的に見ても非常に緊迫感を増しており、隣国である

ロシア、中国、北朝鮮の安全保障上の脅威は大きくなっています。

かつて生前の安倍総理がロシアとの関係を円滑にしようとした理由の1つには、北方領土返還もさることながら、「仮想敵国」を増やさないという思惑もあったと言われます。しかしロシアのウクライナ侵攻で、戦後当たり前とされてきた安全保障環境の前提が大きく変わってしまいました。毎日、ニュースやSNSで情報が流れてくるロシアのウクライナ侵攻は、決して対岸の火事ではないのです。実際にこの21世紀に力ずくで国境線を変えようとする国が出てきたのです。

中国の習近平《しゅう・きんぺい》国家主席は政権3期目に入るに当たり、党大会で台湾との統一問題について「決して武力行使の放棄を約束しない」と宣言しています。仮に台湾有事が起これば日本有事に直結し、尖閣への武力侵攻も危惧されます。

朝鮮半島を見渡せば、韓国は左派の文在寅《ムン・ジェイン》政権から保守の尹錫悦《ユン・ソンニョル》政権に交代したことで外交関係が改善しつつありますが、北朝鮮は日本近海でミサイル発射実験を繰り返し、日本を相変わらず恫喝しています。

こうした世界のパワーバランスの変化と、緊迫する東アジア情勢を直視するならば、日本の防衛体制を増強していくことは必要不可欠です。

私たち日本維新の会は、２０１２年に基本政策「維新八策」を作った時点でも、「日本の主権と領土を自力で守る防衛力と政策の整備」「日米同盟を基軸とし、自由と民主主義を守る国々との連携を強化」を謳《うた》っています。当時と国際情勢は変わりましたが、我が国の主権と平和、国益を守るために万全の備えをすることは普遍の真理です。

問題は今の政府が進めようとする備え方に「粗《あら》」が目立つことです。

そもそも防衛費増額の根拠はなんでしょうか。ＧＤＰ比で現行の１％から２％に増やすということですが、この２％の根拠はＮＡＴＯ（北大西洋条約機構）加盟国の基準に合わせたものです。

私たち維新の会も、ウクライナ侵攻直後に出した緊急提言で、２％への増額はたしかに指摘しましたし、参考指標としては悪くないと思いますが、実際に政府の側で執行していくとなると、今日本を守る上で足りない装備は何か、どこを補強する必要があるのかなど、政府も自民党も十分に議論し、先手で提示していく必要があります。

見積もりの根拠に納得していないのに、いきなり増税では国民の理解は得られないのではないでしょうか。

さらには、ただでさえ国民の生活が苦しい中ですぐに増税に走ろうとする姿勢です。一連の円安で兆円単位に膨らんでいた、外国為替資金特別会計（外為特会）の含み益を活用することを野党や有識者から提案されても政府はなかなか首を縦に振りませんでした。

ほかにも国がすでに持っている資産を十分に活用できていない実態があります。

東京都内には長年使われていない国家公務員住宅が存在します。新宿区内には2011年に廃止されたのに、いまだに6400平方メートルもの広大な敷地があり、財務省の説明では、帳簿上の価格だけでも30億円にものぼります。このケースひとつとっても、10年余り資産を放置するだけで何もできていないわけです。

政府の持てる資産をフル活用し、身を切る改革を実践することなしに、国民に負担を押し付けて財源を生み出そうとする安易な姿勢は、国民の皆様にご納得いただけるものではないと考えます。

〝現世利益〟より次世代に投資

ここまで既得権益にまみれた「古い政治」の問題点を書いてきましたが、日本をこの30年ダメにしたのが、しがらみにとらわれ、〝現世利益〟を重視し、未来につながる投資を後回しにしてきたこれまでの政治です。

「現世利益（げんせりやく）」は本来、「神仏などの加護によりこの世で得られる利益」を意味し（『日本大百科全書 ニッポニカ』小学館）、宗教的な使い方をしますが、あえて政治的に用いてみます。

少し皮肉めいているかもしれませんが、政治家が古い政治を〝信仰〟し、目先の利益を得ることに終始する有り様を表現する上で腑におちるフレーズだからです。

政治の世界における〝現世利益〟で最もわかりやすい事例で言えば、年金制度でしょう。

現役世代の未納率が30％を超え、無年金・低年金の人が数百万人にのぼるなど機能不全を起こしているのに、自民党政権は税金と保険料を上げつづけ、この40年間で1世帯当たりの負担が3倍に増加してでも、これまでの制度をひたすら延命させることに必死になってきました。

現役世代の皆さんは年金に関する報道を目にするにつけ、老後の生活に不安をおぼえていると思いますが、自民党政権が現役世代の将来よりも、次の選挙で投票に行く目の前の高齢者の皆さんの票を失わないことを優先していることがよくわかります。

〝現世利益〟ばかりを追い求めると、いつまでも弱者を助けることができないことも問題です。

その1つが格差是正です。

親の所得が低い世帯では、子どもたちが十分な教育を受けられず、結果として貧困が連鎖するという問題が深刻になっています。国が2021年に公表した実態調査（内閣府「令和3年 子供の生活状況調査の分析 報告書」）を見ると、貧困に苦しむ世帯ほど大学進学を諦めたり、ひとり親やシングルマザーの世帯の方が貧困に喘ぐ実態があったりすることが裏付けられました。

こうした格差がなくならない理由の1つは高過ぎる教育費です。日本のGDPに占める教育機関への公的支出の割合は、OECD37か国の中でも最低レベルがつづいています。

そこで私たち維新は、どんな家庭でも等しく質の高い教育を受けることができるよう、全国に先駆けた施策に取り組んできました。大阪では、高校無償化を公立・私立問わずに実現し、保育を無償化。小中学校の給食費も無償化。大阪府民を対象に大阪公立大学・大学院の無償化にも踏み切り、大阪市では幼児教育（3～5歳）も無償化し、11～15歳の塾代も助成してきました。

ただ、これらの無償化に当たっては所得制限を設けていましたが、2023年の大阪ダブル選挙（大阪知事選・市長選）では、さらに完成度を上げた「維新版・教育無償化モデル」を掲げました。0歳から大学院まで8つの無償化（と大阪市の塾代助成）について所得制限なして実現することを目指し、多くの大阪府民・市民からの賛同を得ました。

一方で、これらの財源を生み出せたのも、この10年余り、身を切る改革をはじめとして徹底的に行政の無駄をなくしつづけ、借金を返し、血のにじむ思いでやっと皆さんに還元できるようになったからです。

自民党が大阪府政・市政を差配していた時代であれば、間違いなく支持母体の団体への補助金などを優先し、次世代への投資が後回しになっていたはずです。そうした古い政治の構図が国政ではつづいているのが現在の状況なのです。

自民党にできない世代間格差の是正策

「格差社会」という言葉が流行語大賞に選ばれたのは2006年のことでした。IT起業家が脚光を浴びた小泉政権が終わる頃には、非正規雇用や「消えた年金」などの問題が注目され始めた時期です。

格差という言葉は、政治もメディアも貧富の格差の話に終始しがちですが、超少子高齢社会に直面する我が国で格差の「本丸」と言えるのは世代間の格差でしょう。

現役世代を中心に税金と社会保障の負担の割合を示す「国民負担率」は40％台後半、財政赤字を加えた「潜在的国民負担率」で言えば、令和5年度は53・9％に下がったものの、その前年は61・1％にも達しました。

実際、このまま人口減少と高齢化が進んでいけば、2015年の時点で、65歳以上の1人の高齢者を、現役世代2・3人で支えていたのが、2065年には1人の高齢者を1・3人の現役世代で支えるとの試算もあります。ますます、未来に希望が持てない状態になりかねません。

自民、公明の与党だけではなく、旧民主（立憲民主など）、共産などの野党も含め、世代間の格差に手をつけることには後ろ向きでした。投票率の高い高齢者世代を敵に回せば選挙で手痛い目に遭うと恐れているからです。

しかしこのまま政治が手をこまねいていては、現役世代が立ち行かなくなるのは必定です。そうなれば高齢者も共倒れすることになります。この世代間格差の問題は「変わらなければならない転換期であるとわかっているのに、変われずに衰退しつづける」日本の究極的な政治課題なのです。

現在の年金制度を維持するために、アベノミクスで株価を上げ、GPIF（年金積立金管理運用独立行政法人）の運用益を上げたり、マクロ経済スライドで負担と給付のバランスを取ったりといった施策を行ってきましたが、これらは言うなれば「対症療法」に過ぎません。

私たち維新が求めるのは抜本改革です。それは決して世代間の対立をあおるものではありません。コロナ禍では現役世代であっても、例えば飲食店の営業が制限されたように、仕事が突然立ち行かなくなるリスクが表面化しました。

今後は人工知能（ＡＩ）やテクノロジーの進化で、仕事を奪われる人たちも増えてきます。今こそ再分配政策を見直し、セーフティネットを再構築・再定義しなければならないのです。

いずれにせよ、こうした抜本的な大改革は、古い政治の下ではできないことは言うまでもありません。

核の「論議」をタブーにしない

昭和後期の古い政治の感覚を引きずったままでは、大きく様変わりした令和の日本の諸課題に対処することは不可能です。それは社会保障制度だけではなく、国の守り、安全保障政策についても同じです。

まず重要な前提として、私たち国会議員は憲法99条で定めるように、現行の憲法を尊重し、擁護する義務を負っています。したがって、まず「眼前」の安全保障、防衛政策を議論する上では、国内では憲法や自衛隊法などの法規、国際的には国連憲章や国際法などの枠組みに沿った対応をしなければなりません。

ところが残念ながら世界の平和を脅かす国家は、そうしたルールを破り、世界が平和実現のために作り上げた国際秩序に挑戦することがあります。我が国のすぐそばまで弾道ミサイルを撃ち込むなどどこかの国の所業は間違いなく「アウト」です。**しかし現実に有事を起こさせないために、こうしたルール違反も想定し、平時から万全の対策を講じておかなければなりません。**

私たち維新の会は、2022年3月、ロシアのウクライナ侵攻に対する緊急提言を発表しました。その中でウクライナ危機の教訓として「現在の国際情勢下でも核保有国による侵略のリスクが現実に存在する」ことを挙げた上で、「ロシアが核による威嚇という暴挙に出てきた深刻な事態を直視し、核共有（ニュークリア・シェアリング）による防衛力強化等に関する議論を開始する」とも提起しました。

核共有の提言が報道されると、ある野党の大物政治家は「日本も核武装すべきということか」と反応し、果ては左派の運動家に「プーチンと同じ」とまで非難されることもありました。こうした直情径行の反応が出てくることは想定していましたが、いずれも論点がズレていると言わざるを得ません。

当時、維新と同じく核共有を提言したのが安倍元総理でした。テレビ番組で非核三原則や核不拡散条約（ＮＰＴ）体制遵守を基本とすると言明しつつも、「世界の安全がどう守られているか、議論をタブー視してはいけない」と強調されていました。ここがポイントです。

仮に今の日本の安全保障体制のままであれば、ロシアのような核保有国に恫喝されるだけでなく、本当に攻撃されたりしないのか、今の我が国の防衛体制で、相手を思いとどまらせることができるのか、そうした不安や課題を再確認し、国の守りを実効性のあるものにしていくための問題提起が必要です。

我が国は戦後80年近く一度も戦争を経験することなく過ごせました。平和であったからこそ一時は世界トップの経済大国に短期間で成長できたのです。

一方で、憲法を制定した80年近く前と今日とでは、国際情勢も軍事力の中身も様変わりしました。その現実を前にどう平和を維持しつづけるのか。責任ある政治を行うことは、感情やタブーにとらわれず、現実を直視していくことにほかなりません。

憲法改正、口先の自民vs本気の維新

防衛費を大幅に増やし、我が国の防衛体制をさまざまな角度から見直していくのであれば、遅かれ早かれ今の憲法との整合性に直面します。また、コロナ禍でも我が国の危機対応の弱さが浮き彫りになりましたが、戦争だけでなく、内乱やテロ、大規模自然災害などに対応するための緊急事態条項の創設も併せて必要です。

ところで憲法改正というと9条の話に終始しがちですが、時代に合わせて変えたほうがいいと私たちが考える問題はほかにもあります。**維新は、「教育の無償化」「統治機構改革」「憲法裁判所の設置」の3つを提起しています。**

「教育の無償化」は維新が大阪でまさに取り組んできたもので、どんな家庭に生まれても、質の高い教育を受けることができることを憲法にうたいます。どの政党が政権を担っても人財こそ宝であると日本の国是に位置づける狙いです。

「統治機構改革」は、今の都道府県から将来の道州制への移行も見越し、中央集権から地方分権を大胆に進めるのが目的です。

「憲法裁判所の設置」は、すべての法律の頂点である憲法については特別な裁判所を設置し、政治や行政による恣意《しい》的な憲法解釈をしないようにただします。現行憲法では特別裁判所の設置ができず、最高裁が憲法判断の頂点になっているため、条文改正が必要です。

憲法改正は戦後何度か機運が盛り上がりましたが、その度に反対勢力が政界からメディアまで猛烈なキャンペーンを張り、まったく進んできませんでした。自民党は1955年の立党以来「現行憲法の自主的改正」を掲げてきましたが、ことごとく断念に追い込まれてきました。

自民党内でも保守派を中心に勇ましく改正を叫ぶ人たちはいます。本気で変えようと真剣に日々取り組んでいる方々がいらっしゃることも承知はしています。

しかし我が党は何度も政権与党に申し上げていますが、今の自民党には本気で憲法改正をする気がないように見えます。もし本気であれば、例えば安倍政権時代の後期、2019年の参院選に衆院選を同時で実施し、改正案と国民投票の実施を公約に掲げて民意を問うような「大勝負」をかけても良かったはずです。

国会では、経済のことは経済産業委員会、医療や介護などのことは厚生労働委員会など、各省庁の守備範囲と領域に合わせて委員会が設置されています。その1つとして、憲法議論を行う憲法審査会が衆参両院に常設されていますが、驚くことに、私が初挑戦で落選した2

０１７年衆議院選挙後の約４年間、ほとんど開催すらされてこなかったのです。国会では与野党がスケジュールを協議するのですが、野党側の政府与党に好き勝手させないための国会戦略の１つとして、本会議や委員会の日程を遅らせたり開催させないようにしたりする「日程闘争」が常態化しています。どの委員会にも毎週何曜日に開催しましょうという定例日があるにもかかわらず、立憲民主党や共産党などの野党が議論さえしたくないという思惑のもと、開催を拒否してきたのです。実際に、維新の会がたった11名という少数野党に転落してしまった２０１７年からの４年間で、憲法審査会で実質的な議論がなされたのはたった13回でした。この間、まずは憲法審査会を開催して賛否両論あっても表で議論することから始めようと懸命に呼びかけてきたのは、我が党の馬場伸幸さんだけと言っていい状態でした。

立憲民主党や共産党にも責任がありますが、そもそもの原因は自民党にあります。自民党は圧倒的多数を持つ与党ですから、**委員会の開催を本気で進めようと思えばできるはずなのに、野党と交渉する国会戦略上、優先順位を下げてきたことはあきらかです。**

２０２１年の衆院選で維新が41名当選という躍進を果たした直後の通常国会においては、自民党も態度を一変させ、毎週定例日に憲法審査会が開催され、約５か月で15回の議論が行われました。たった半年弱で、過去４年分の実績を超えたわけです。国会内の政治構造が変わるだけで、景色がガラッと変わります。これによって、憲法9条、緊急事態条項、オンライン国会などの具体的な議論が進み、ネットで全世界に公開され、論点の整理が進んでいくことになります。まずは開催をと我慢強く呼びかけてきた馬場さんの執念が実を結んだ結果です。岸田文雄総理も23年2月の自民党大会で「時代は、憲法の早期改正を求めていると感じています」と述べられ、自分の総裁任期中（2024年9月まで）に憲法改正の発議を行うと明言しています。それであれば、維新の会が何度も提言しているように、具体的なスケジュールを示し、国民投票にかける改正項目は何にするかの合意形成を進めていかなければなりません。

維新は勝負から決して逃げません。大阪都構想の住民投票を2度実施し、結果的にはいずれも負けてしまいましたが、橋下さんや松井さん、私を含む所属議員が住民の皆さんと大阪の未来について連日連夜、熱く論じました。結論はどちらになるかはわからなくても、論戦のプロセスが民主主義をより深化させると現場で痛感しました。

もし自民党政権が本気で憲法改正をかけた国民投票をやるのであれば、私たちは真正面から向き合い、投票までの論戦にはとことん参加するつもりです。

旧統一教会問題、維新の反省と教訓

安倍元総理が銃撃されて亡くなられたのを機に世界平和統一家庭連合（旧統一教会）と政界の関係に注目が集まりました。

自民党が22年9月、内部調査を公表しただけでも、全体の半数近くに当たる179人になんらかの接点があり、そのうち121人が選挙でボランティアなどの支援を受けていたことがあきらかになりました。

私たち維新は全政党で最も早く内部調査の結果を公表しました。衆参62人の所属議員のうち、選挙支援や寄付を受けた議員はいませんでしたが、13人が関連団体のイベントに参加したことがありました。その中には、馬場伸幸代表、そして幹事長である私、藤田文武も含まれます。

私自身は何度か関連団体のパーティーに参加していたことがわかりました。**当該団体が旧統一教会と関連があると認識ができておらず、安倍元総理の事件の後、事務所で過去の日程を確認して判明しました。心より反省しております。**

なお、日本維新の会最大の地方組織である大阪維新の会でも当時256人いる地方議員、首長に調査したところ、組織的な選挙応援や寄付は確認されなかったものの、16人に会合への出席や祝電の送付がありました。

大阪維新の会の吉村代表が「多くの国民が被害を受けて家族が崩壊する状態になっている人が多くいる中で、そういった団体と付き合うべきではない」ときびしく戒めておられましたが、まったくそのとおりだと思います。

この騒動は、私はもちろんのこと、維新全体にとっても教訓と反省を残したと思います。特にこれから党勢を拡大し、将来的に政権獲得を目指していく中で、特定の組織とのかかわり合い方について考え直す機会になったと受け止めています。

ここまで書いてきたように、維新の会は、自民党や旧民主党などの既成政党と異なり、組織的なしがらみがないからこそ、対症療法ではなく、抜本解決とも言える大胆な改革策を打ち出し、首長を輩出した大阪では次世代への投資を実現してきました。

一方で大阪では、ローカルとはいえ維新は10年余り「与党」としての立場にあります。全国的にも都市部を中心に支持してくださる方々が増えていますので、大阪以外でも維新が擁立した候補者が知事や市長になる地域が出てきました。

こうなると、かつては自民党にすり寄っていたさまざまな組織団体が今度は維新に近づいてきます。実際、21年の衆院選で維新が第3党として躍進すると、幹事長である私のところには、これまでお付き合いのなかった組織や団体からも面会の依頼などが増えました。映画やドラマでよくありそうな話ですが、そういう世界を現実に体験しています。

まだ国政では野党の幹部に過ぎない立場の私ですらこうなのですから、知事や市長など実権を握る立場になると、もっと切実になってくるはずです。業界団体にとっては首長が交代したことで補助金や公共工事などのあり方に大きな変化があれば死活問題だからです。

もし国政で政権与党になった場合は、陳情攻勢が倍化するだけではなく、票やお金といった「誘惑」も増えてくることでしょう。

誤解のないように付け加えますと、さまざまな業界団体の人たちは現場の当事者のおひとりですから、法律や役所のルールで切実な悩みがある場合は、私たちもお話を伺うことでより精度の高い政策立案を行うことが可能になります。

しかし、特定の組織や団体とのしがらみによって既得権化した過剰な保護政策や業界優遇を改められなかったり、旧統一教会のように社会的に問題のある組織に宣伝目的で利用されたりすることがないよう注意をしていかなければなりません。

なお、旧統一教会問題では、維新が立憲民主党など他の野党と連携をして、被害者救済の独自法案を作成して提出。先送りしようとしていた自民党側も重い腰を上げ、政府も法案を提出せざるを得なくなりました。法人などが寄付の勧誘を行う際に個人の意思などを抑圧しないようにする「配慮義務」を怠った場合には、法人への勧告や法人名の公表を行うように修正もさせました。日本の国会では、政府提出の法案の重要部分に野党側の修正案をこれだけ反映させるのは異例のことで、これもいち早く私たちが主導権を握ったからこそ実現できたことでした。

他方、私自身、そして維新も教訓を忘れてはいけません。己が身を切る改革、反省、自己批判ができない党に未来などないのですから。

［第二章］

政党を経営する

幹事長という仕事

第1章では維新の会として、どんな日本を作っていきたいのか、政策や政治姿勢の話を中心に書いてきましたが、この章では、私、藤田文武がどんな考え方で幹事長という仕事をしているのかお伝えしていきたいと思います。

政党の幹事長という仕事は、トップである党首の方針や党で決めた戦略やビジョンを実現するために、党組織を具体的に動かしていくポジションです。

本書の冒頭でも述べたように、民間企業でいえば、党首がCEO（最高経営責任者）であるとするならば、幹事長はCOO（最高執行責任者）に当たります。ただ、政党によって幹事長の使命や業務は異なります。

もちろん、自民党のように、歴史もあって組織も全国津々浦々に張り巡らされた大政党と、地域政党を出発点にこれから全国展開を本格化する維新ではやるべきことが異なるのは当たり前です。

特に自民党の場合は政権与党なので、党首である総裁が総理大臣として政府に入るため、党のことは留守にせざるを得ません。総裁の代わりに、幹事長が実質的に党の采配をふるうので、「ＣＥＯに限りなく近いＣＯＯ」と言えるでしょう。

しかし、どの政党の幹事長にも共通する最大の課題は同じです。それは自分たちが掲げる政策を実現するために仲間を増やすこと、つまり選挙で勝つことです。どんなに素晴らしい政策を作ったところで、それを法律として施行するためには議会で多数派を取らなければなりません。近年の自民党は、選挙対策委員長のポストを設けて選挙実務の責任者を幹事長とわけていますが、選挙に勝ち、良い政策を作るためにはどんな組織を作り、組織を発展させていくのか、日々の党務を執行する責任者という基本的な点では変わりありません。

では、私、藤田文武が幹事長として何をしているのか。私が幹事長になった経緯と取り組みの一端をご紹介したいと思います。２０１７年10月の第48回衆議院議員総選挙では、日本維新の会は非常にきびしい逆風選挙を戦い、衆議院議員がたった11名となり、国政選挙に初挑戦だった私自身も落選しました。衆議院議員の定数は４６５名ですから、11名という数は約２％程度の弱小政党であり、法案の提出はおろか、委員会運営を協議する理事会に正式な理事を出すことすらできない数です。国会運営において影響力を発揮するのは非常に難しく、言ってみれば他党やメディアから無視されるような状態でした。そんな中、私は今から４年前の統一地方選挙と同時に行われた2019年4月の補欠選挙で初当選しました。

当時の日本維新の会は、少数ながらも自分たちの信じる政策実現のために、先輩方が縦横無尽に動き回り、あの手この手を使って他党と交渉し、存在感を示すためにさまざまな創意工夫をしていました。特に国会議員団をまとめる馬場幹事長（当時）と、他党議員や各省庁とも良好な人間関係を築き、強いパイプを持つ遠藤敬国対委員長を司令塔として、硬軟おり混ぜた国会活動を展開していました。そんな中、人数という意味で圧倒的な人材不足のベンチャーさながら、「若手の新入社員」である私に、先輩方が積極的に仕事をまかせてくださいました。少数政党だからこそ、本会議や委員会での質疑機会にも恵まれ、2020年には全議員の中で3番目に多い登壇回数を経験することができました。1週間に5回も質疑に登壇させてもらうなんてこともありました。新入社員が重要なプレゼンの場に何度も抜擢《ばってき》されるようなイメージでしょうか。

党では政調会に配属され、次期選挙を見据えたマニフェストのブラッシュアップ、コロナ対策本部の提言、のちに党の公式な政策パッケージの1つとなる「日本大改革プラン」の策定や勉強会の実施などをまかせていただきました。加えて、当時の馬場幹事長の「鞄持ち」として党運営のイロハを隣で学ぶことができ、遠藤国対委員長からは国会対策や省庁との関係作りの勘所を教えてもらうことができました。

このような若手への仕事の任せ方は、派閥単位でじっくりと教育していく老舗大政党と比べるとユニークであり、スピードと度胸が求められるベンチャー的な維新の風土の１つでしょう。

もちろん駆け出し１年生議員の仕事ですから、初めからすべてが上手くいくはずはありません。それでも、仕事はみずから主体的に作り出し、何事も徹底的にやってやろうという「ベンチャー起業家魂」だけは持ちつづけると心に決めていました。今思うと、その姿勢を先輩方が評価してくださったのかもしれません。

２０２１年の第49回衆議院議員総選挙では、11名だった議員数が41名へと約４倍に増加。国政政党では公明党を超えて第３党、野党では第２党となり、法案も単独で提出可能となりました。総選挙後の党大会で、松井代表（当時）の続投が決まったのですが、同時期に国会議員団の代表で党の共同代表だった片山虎之助さんの体調が優れないこともあり、幹事長だった馬場伸幸さんが党共同代表兼国会議員団代表に就任することになりました。**そこで新たに私が幹事長に、音喜多《おときた》駿《しゅん》さんが政調会長に、柳ヶ瀬裕文さんが総務会長に指名されるという、若手への大抜擢人事が行われたのです。**

２０２１年の総選挙では新人が28名当選し、２期生は私を含めて６名でした。１期生には地方議員として大阪維新の会の改革に邁進してきた実績のある優秀なメンバーもたくさんいましたが、11名という苦しい局面を経験し、1期生より少しだけ早く国会で活動していたことで私に白羽の矢が立ちました。こうして私は、チャレンジ人事として幹事長に就任することとなりました。

永田町やメディアからは、私のような2期生が議員歴たった2年半で幹事長になったことに驚かれ、「常識外れの人事をして早晩失敗するだろう」という声が多かったと聞きます。たしかに、政治の世界での圧倒的な経験不足は認めざるを得ませんでした。**それでも当初の不安が徐々に払拭《ふっしょく》されていったのは、人事でせっかく大きなチャレンジをしたのだから、後輩をみんなで盛り立ててやろうという先輩方の支えがあったおかげでした。**

実は維新の会には、少し前にもう1つ大きな出来事があって、40代の吉村さんが松井さんの後の大阪維新の会代表になり、幹事長が私と同年代の横山英幸さんになり、一気に若返りを図っていました。余談ですが、横山さんとの思い出といえば、私が維新政治塾1期生の時のチューター（指導役）だったこと。その頃からのお付き合いで、歳も1つ違いの同年代であり、今ではとても仲の良い友人でもあります。彼はものすごく優秀な実務家で、2023年4月には大阪市長選挙に見事当選し、大阪の改革に邁進しています。経験豊富なベテランの先輩方がたくさんいる中で、若手が前に出て舵取りを担う。その中で先輩方は後輩を潰さずイジメず、上手く引き上げようとサポートする風土が維新の会にあるのだと思います。私のような政治経験の浅い者が舵取り役として活動できるのは、そうした風通しの良さがしっかり息づいているからです。

政党初？ 中期経営計画を策定

幹事長になってすぐ、私は当時の松井代表と馬場共同代表に、党の「中期経営計画」を作りたいと提案しました。賛否両論あるのは承知の上で、あえて「経営」という言葉を使いました。「政党を経営する」というテーマを政界に持ち込んで、政党の風土にしようという意図がありました。私のその提案に、馬場さんは「それ、面白そうやな、やろう」と即答してくださり、すぐに計画の策定に取り組むことになりました。馬場さんは少し強面《こわもて》に見えるかもしれませんが、若手の発言にしっかりと耳を傾けてくれます。こんな上司がいてくれたらいい会社になるだろうな……そんなことを思わせてくれる頼もしい存在です。

現在の日本維新の会は、松井代表の勇退を受けて馬場代表体制に引き継がれ、いわば第2

創業のような時期にあります。これまで、橋下さんのカリスマ性と松井さんの親分的なまとめる力に頼りきってきたのは間違いない事実であり、それを慕って多くの仲間が集まって結束してきました。幹事長についても、初代は松井さん、そして2代目は馬場さんと、政治歴が長く、地方議員としても活躍され、大阪の自民党内でもエース格として注目されてこられた、政界の酸いも甘いも知っている2人が私の先代だったわけです。私のような政治経験が浅く、歳も若い人間がそんな2人と同じように振る舞ったところで、先輩方や仲間たちの胸に響くだろうか……と思案しました。

考えているうちに、経験が乏しいのなら、政治の世界に染まっていないことを長所にしようという発想にたどりつきました。これまでの政治の常識にとらわれることなく、自分の得意分野で勝負しよう。自分は民間経験が長く、経営実務にどっぷり浸かって苦労してきたキャリアがある。民間感覚の問題意識を正面からぶつけて党の運営に生かしてみよう——そう割り切ったのです。「逆転の発想」というと聞こえはいいですが、苦肉の策に近い部分がありました。

そこで、成長する会社ではどこも当たり前のように存在する「中期経営計画」を作り、それに基づいて皆の心を合わせて一歩一歩成長していくということを政党がやってみたらどうかと考えました。政党が中期経営計画を公式に発表したのは、戦後初めてのことだと思います。

これは橋下徹元代表の受け売りですが、「政策目標と行動目標」が明確であれば、組織のエネルギーが最大化されるといいます。たしかに、地域政党である大阪維新の会は、これらを明確にしていました。政策目標はご存じのとおり、大阪都構想を実現して統治機構のあり方を変え、大阪から日本の国のかたちを変えることです。行動目標は、それを実現するために、知事や市長を獲ること、府議会や市議会で過半数を目指すこと、そして各地の議会で第1党を目指して議員を増やしていくことでした。非常にわかりやすく、誰もが納得するシンプルな目標です。

では、国政における維新の会はどうでしょうか。

２０１２年に地域政党・大阪維新の会から日本維新の会が誕生し、今は亡くなられた石原慎太郎さんとの強力タッグで国政に進出しました。大阪維新の会から見る国政政党・日本維新の会は、大阪都構想を実現するために国で折衝をしたりする出先機関的な役割もあったかと思います。

浅田均さんが中心となってこの年にまとめられた政策集「維新八策」は、10年以上経った今でも全く色褪せない素晴らしい政策体系を持ち、幅広い領域にまたがる先進的なアイデア、新しい時代の社会像を見据えた改革プランがたくさん盛り込まれていました。

私自身も実際に国会議員になってよくわかりましたが、例えばウクライナで戦争が起きたとか、北朝鮮からミサイルが飛んできたとか、年金の保険料が上がるとか、マイナンバーの使い方を拡大するとか、コロナで給付金を配るとか、そういうさまざまなニュースが出てきた際に、維新のスタンスはどうなのか、と必ず聞かれます。すべての政策領域において党としてのスタンスが日々問われるわけです。だからこそ、政策は日々進化しなければなりません。

国政政党としての維新の会の目標は、そもそも始まりが大阪都構想を実現するというミッションを持っていたため、その流れに沿ってきました。2回目の大阪都構想が否決に終わってしまった時、統治機構を変えていくんだという当初のミッションには変わりがないものの、その登山ルートは考え直さないといけないという必要性に迫られたわけです。

さらに、一丁目一番地の統治機構改革に加えて、さまざまな国政課題について、どのようなスタンスで、政治的に何を目指していくのか、センターピンは何か、自民党との対立軸は何かと、問い直す必要性を感じていました。

そこで、改めて当初の維新八策の政策思想に立ち返りながら、日本維新の会の「政策目標と行動目標」の2つを再定義して、明確化しようという、とてもシンプルな結論に至りました。

まず、**政策目標を明確化するための1つ目の取り組みとして、マニフェストを大幅にブラ**

ッシュアップしました。私自身もマニフェスト作成チームに参加して、２０２１年の衆院選ではかなり改良されたものを発表することができました。もう1つは、自民党と我々の違いを明確にしなければならないという課題です。例えば、外交・安全保障、エネルギー政策という領域では、自民党と非常に近い考え方を持っていて重なるところも多い。あえて違いを言うならば、維新の方がより現実的かつ合理的であり、建前よりも本音を重視して国民に向き合うという姿勢です。一方で、内政課題については、大きく異なるところが多く、自民党とのわかりやすい対立軸になると考えています。特に税と社会保障、規制改革や経済政策の方向性、そして統治機構改革などに関しては、自民党とは根本的な政策思想が大きく異なっています。ひとことで言えば、はたして自民党はどこまで国民の痛みを理解し、中長期的な視野で合理的な政策を打ち出すことができているのか、という点でしょう。

自民党は、現状維持や微修正が得意な政党であり、いわゆる身動きの取れない老舗の大企業に例えることができます。マーケットが激変しているのに、古い体質に引きずられていてガラッと変えることができず、何事も変化を恐れるあまり根本的な構造が変わらない。人事においては、若手は役職が少しずつしか上がらず、自分のやりたいことはなかなか実現しない。しかし、微修正することで少しの何かを獲得できるため、小さなやりがいを感じることはできる。これが自民党のやり方です。なぜこのような硬直した状態になるかと言うと、長い歴史の中で幾重にも積み重なった既得権者が「お客さま」だからです。この自民党政治の構造的問題に対して、明確なアンチテーゼをもって大阪で改革を進めてきたのが維新の会なのです。国政においても、自民党と真正面からの政策で強く対峙していく必要があると考え、社会保障政策や税制、そして成長戦略の政策パッケージ「日本大改革プラン」を作成し、発表しました（日本大改革プランについては後述します）。そして、政策目標を明確化するとともに、行動目標の指針を示すために中期経営計画の策定に着手することになりました。民間では当たり前の目標設定は、政治の世界では当たり前ではない——それを維新は変えることにしたのです。

幹事長直轄の党改革プロジェクトチーム＝経営企画室

民間企業では3年後、5年後、10年後を見据えてどういうストーリーで会社を発展させていこうとしているのか、中期計画を策定するのは当たり前のことです。対して、政党組織ではそのような具体的な計画書はほとんど見たことがないでしょう。たしかに政党で中長期の計画を作るのは容易ではありません。政治の世界では「一寸先は闇」という言葉があるようにスケジュールがあってないようなもの。衆議院はいつ解散するかわかりませんし、大臣も1年と経たず代わることもしばしば。今日まで天国のように権勢を振るっていた政治家が、何かを理由に地獄のように下り坂を転げ落ちる、といった具合で、独特の先読みの難しさがあります。

しかし、だからと言って自分たちの党をどう発展させていこうと考えているのか、ある程度の方針や目的が共有されていなければ、ますます日々の政局に流されて終わってしまいます。国民に対して具体的な方向性を示せない、きちんと説明できないのであれば政治家としては失格でしょう。実はこれは経営の現場でも同じことで、多くの中小企業は目の前の短期的な経営課題にとらわれがちです。

私が政党に中期経営計画を導入しようと思ったのは、自分の経営者としての実体験に基づいています。起業から間もないころ、経営の難しさに悩んでいた私は、たまたま旅先で出会った尊敬する先輩経営者に誘われて、株式会社フォーバルの創業者である大久保秀夫さんが主宰する経営塾に参加しました。そこで経営哲学や中期経営計画の作り方についてなどを学ぶ機会を得ました。すぐに自分の会社に取り入れ、社内の若手リーダーを巻き込み、課題を整理した上で方向性を明示したことで、会社は飛躍的に伸びていきました。

戦略立案チーム「党改革PT」

党 幹事長
藤田文武

党 政調会長
音喜多駿

党 総務会長
柳ヶ瀬裕文

大阪府議会議員
横山英幸

大阪府議会議員
杉江ゆうすけ

衆議院議員
守島正

参議院議員
高木かおり

衆議院議員
金村りゅうな

堺市議会議員
的場慎一

大阪市会議員
藤田あきら

※肩書は2022年12月時点

経営の世界における中期経営計画とは、会社のビジョンやミッション、数値目標を明確化するものです。そして、3〜5年の期間でその目標に沿った行動計画や予算配分を決めていく。それをお客さまや株主、さまざまなステークホルダーに対して丁寧に示していく。そうしてすべての企業活動をその目標にコミットするようにつなげていきます。中長期のビジョンがないと、スタッフが生き生きとしないし、組織全体のエネルギーが最大化されないことは経営者時代に学んだことでした。

中期経営計画の作成に当たり、会社でいう「経営企画室」のような機能として、幹事長直轄の「党改革プロジェクトチーム（党改革PT）」を立ち上げ、国会議員と地方議員から実務家

タイプの若手議員に入ってもらいました。メンバーには党三役である音喜多政調会長（38歳）、柳ヶ瀬総務会長（47歳）。地方議会からは、後に大阪市長となる横山英幸さん（40歳）、大阪府議会議員の杉江友介《ゆうすけ》さん（43歳）、大阪市会議員の藤田あきらさん（40歳）、堺市議会議員の的場慎一さん（52歳）。ダイバーシティ推進局長として活躍している参議院議員の高木かおりさん（49歳）。大阪維新の会の政調会長として経験豊富な守島正《もりしまただし》衆議院議員（40歳）、経営者出身で1期生の金村りゅうな衆議院議員（42歳）。そこにプロジェクトリーダーの私を加えた10名のチームを組成し、藤田あきらさんに実務的な取りまとめ役としての事務局長をおまかせしてプロジェクトがスタートしました（年齢は就任当時の２０２２年12月22日時点）。非常に若い顔ぶれで、インターネットやＳＮＳを駆使して、国民と交流をはかれるのもメンバーの強みでした。

党改革ＰＴの目的は、①党の綱領や基本方針を体現する政党統治を実現するための土台を作り上げること、②全国政党へ飛躍するための戦略を立案することとし、課題の整理から手をつけ始めました。党の課題を整理すると、さまざまな懸案事項やアイデアが議題にあがります。そこで、メンバーの意識共有として、個別に発生する問題にその都度別々に対応するのではなく、党全体の目指すべき方向性を定めた上で、常に「大局から小局へ」、「全体から個別に対応する」というコンセンサスを取りながら進めていきました。

経営者時代からの常に心掛けていることのひとつに「着眼大局《ちゃくがんたいきょく》・着手小局《ちゃくしゅしょうきょく》」があります。

たとえ今が小さなステージにあったとしても常に大局を見据え、大きなステージに来た後でも常に小局の地道な積み重ねを忘れないこと。これって実は、言うは易く、行うは難しです。常に広い視野を持って「着眼大局」にばかり意識が向き過ぎると、出てくる提案が抽象的であったり、世間の感覚からズレていたり、自分勝手だったり、義理不義理をわきまえていなかったりします。逆に、目の前の現実に追われて「着手小局」ばかりに意識が向き過ぎると、出てくる提案が陳腐であったり、目先の利益に惑わされていたり、しがらみにとらわれていたり、長期的に見たらマイナスであったりします。「着眼大局」と「着手小局」が常に理路整然とつながっている、そんな感覚を自分の腹に落とし込むことが大切です。

党改革ＰＴは中期経営計画の策定を目標にスタートしましたが、その過程において、多岐にわたるアクションを実行していきます。綱領や基本方針の整理、党規約の改定、組織図の可視化、戦略的な財務計画、選挙データの分析、各種数値目標の設定、ガバナンス改革、ハラスメント窓口の設置準備などです。

２０２１年11月に党幹事長に就任し、12月には党改革ＰＴを立ち上げ、翌22年3月の党大会で中期経営計画を発表するというタイトなスケジュールの中で知恵を出して動いてくださったメンバーには心から感謝しています。自分1人で考えるだけでは得られなかったアイデアをたくさん盛り込むことができた上、計画策定に当事者として関わったメンバーが党の全体方針を理解して各所でサポートしてくれる体制ができたことは、この後も党改革PTの財産として残ることになります。この本の中でも、グラフや図など掲載して、読者の皆さんにわかりやすくお伝えしていきたいと思います。

中身はシンプルな中期経営計画

では、中期経営計画の内容がどんなものだったか。その内容は極めてシンプルなものです。バックデータとして膨大なデータと詳細な計画があったとしても、皆さんにお示しするものはシンプルでわかりやすくまとめあげることを重要視しました。なぜなら、中期経営計画を政党に導入した一番のねらいは組織のコンセンサスを作る点にあるからです。言い換えれば、「組織のすべての活動はその目標達成のためにある」ということを党内に浸透させるためです。

政党の党大会といえば、企業で言う株主総会や社員総会のような位置付けです。党大会で

日本維新の会 中期経営計画

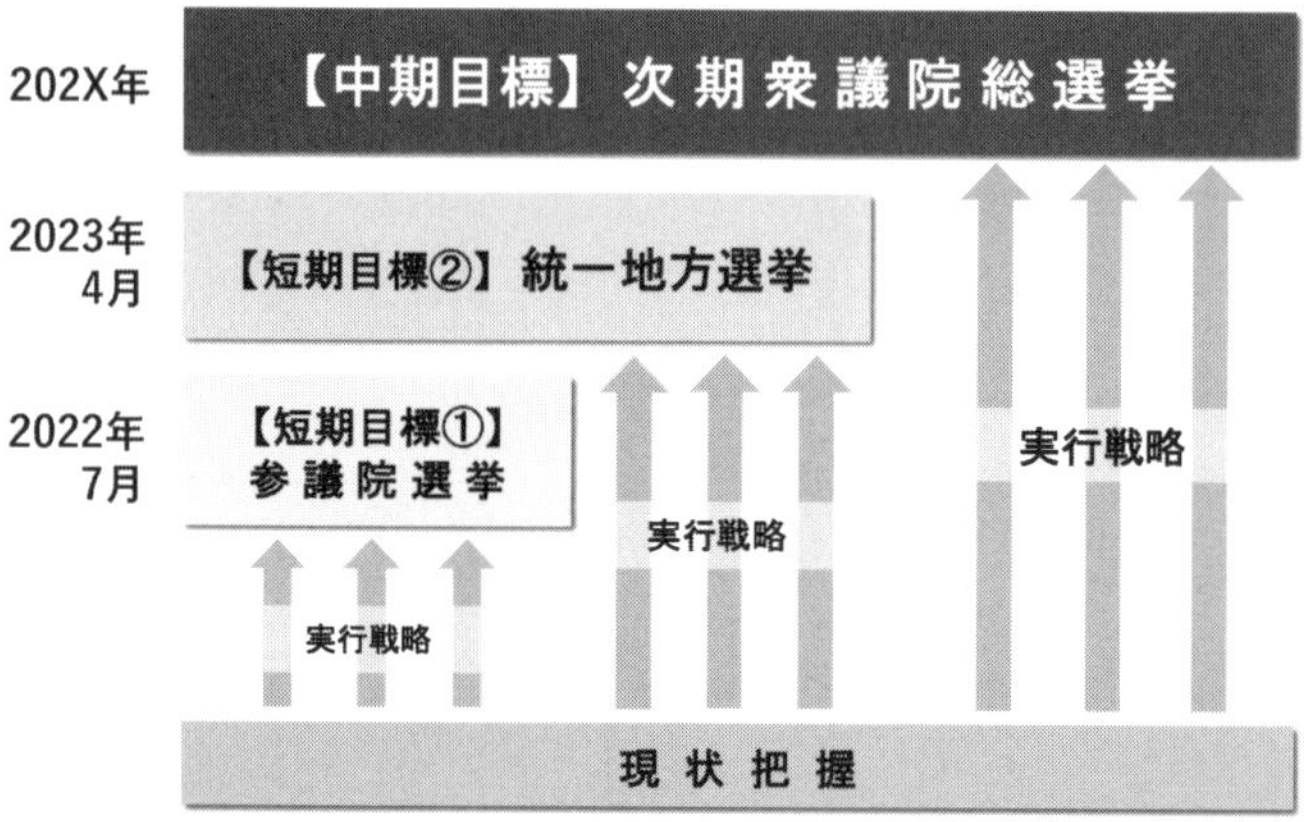

実施した計画発表はネット中継し、今でもそのプレゼン内容はアーカイブ視聴することができるように公開しています。国民の代表者たる政治家は、情報公開の努力を決して怠ってはいけません。

中期経営計画は、「現状把握→目標設定→実行戦略」という構成になっています。大阪にて誕生した維新の会は紆余曲折を経て結党10年を迎え、国政政党としても10年目を迎えていました。まずはさまざまな観点から組織の現状を把握し、分析を実施しました。現状を正確に把握した上で、今後の国政選挙や統一地方選挙をターゲットにして短期・中期・長期にわけて行動目標を設定。そして、設定した目標を達成するための具体的な実行戦略を立案しました。**私たちが目指したのは「政権を取る」「国を動かす」「維新を全国へ」といった抽象的なフレーズではなく、民間企業と同じく、具体的な数値の設定です。**

具体的な目標として、党大会から約4か月後の2022年7月の参議院議員選挙、翌23年4月の統一地方選挙、そして来るべき次期衆議院議員選挙の3つをターゲットに定めました。25年秋までに行われる次期衆院選で野党第1党を獲得することで、自民党に代わって政権を担う政党への重要な足がかりとすることを目指します。そこを目指す上でどう党勢拡大していくかを巻き戻しで考えました。

1つ目のターゲットである参院選では、改選6議席を12議席へと倍増させ、非改選9議席と合わせて21議席を獲得することを目標に掲げました。なぜ21議席かといえば、これが達成できれば予算関連法案を単独で提出でき、国会内での大きな武器が1つ増えることになるからです。加えて、全国比例票で立憲民主党を超えるということも選挙直前に付け加えました。非常にきびしい戦いでしたが、参院選ではなんとかこの目標をクリアしました。

2つ目のターゲットである統一地方選では、計画発表時には約400名だった地方議員および首長の数を全国で600名以上に増やすことを掲げました。1・5倍という高い目標に加え、特に重視したのが大阪以外での党勢拡大です。約400名の地方議員のうち、250名程度が大阪に集中していました。そこで、大阪以外の地方議員の数を、約150名から300名以上に倍増させたいと考えました。実はこの数字を掲げた直後は党内からもメディア関係者からも「無理ではないのか」と波紋が広がりました。そもそも全国各地にそんなに多くの候補者を擁立することができるのかという懐疑的な声が多かったことを覚えています。私はこの声を逆に好機と捉えて、近畿圏を一歩外に出ればまだまだ「大阪限定の政党」だと見られていた維新の会が全国政党へ飛躍する最も重要な戦いこそが統一地方選挙であると位置付けて、さまざまな取り組みを進めていくことになります。

馬場代表が首を賭けた統一地方選挙

参院選の目標をギリギリ達成し、ホッとしたのも束の間、すぐさま統一地方選挙への準備が始まります。そこでびっくりすることが起こります。**参議院選挙後に実施された党内初の代表選挙を経て就任した馬場伸幸新代表が、テレビ出演で「統一地方選挙で目標を達成できなければ代表を辞する」と、自分の首を賭けることを宣言したのです。**これには、私を含めた若手党三役をはじめ、多くの議員に緊張感が走りました。とかく、自分の責任だけは回避しようとする保身が蔓延する政界において、この潔いまでの政治スタイルは稀有であり、大阪都構想で首を賭けた初代代表の橋下徹さん、２代目代表の松井一郎さんから維新の伝統のように引き継がれてきた、身分や立場に固執しない覚悟の見せ方なのかもしれません。この発言はメディアにも大きく取り上げられましたし、ＳＮＳではちょっとしたお祭り騒ぎになっていました。しかし、代表を補佐する幹事長の私としては、プレッシャーの度合いが一気に高まります。異様な緊張感の中、統一地方選挙への準備が進んでいくことになりました。

馬場新体制のもと、統一地方選挙への候補者擁立作業が本格スタートしました。日本維新の会では、幹事長が選対本部長を兼任するという仕組みになっており、各級選挙の総責任者として候補者の擁立、選挙の支援、情勢の分析を取り仕切ります。地方議員の候補者の発掘や公認選考は、全国の都道府県総支部がフロントとして実務を担い、選対本部が後方支援するという体制の中で進みます。これまでの選対本部は選挙の直前に立ち上がるのが通例でしたが、馬場新体制では全国の支部を統括する組織局を併合する形で選対本部と一体化するとともに常設化しました。これまで数年間、党の組織局として全国の支部の支援に駆け回っていた井上英孝《ひでたか》衆議院議員が選対本部長代行に、浦野靖人《やすと》衆議院議員が選対本部長代理に就任し、各地で行われるすべての選挙に即応できるよう組織改変を行いました。井上さんは大阪市会議員出身、浦野さんは大阪府議会議員出身で、大阪維新の会の初期から党を支えてきたベテラン議員。2012年に維新が国政進出して以来、全国各地の支部を回って運営をサポートしてきたことから、各地の状況や人間関係を熟知していました。政治経験と党歴の浅い私の足りない部分を阿吽《あうん》の呼吸で埋めてくださっています。

ビジネスの世界では、ある企業がこの先伸びていくかどうかを投資家が判断する場合、財務状況や商品の良し悪しを評価するのは当然ですが、実はそれ以上に着目するのは経営陣がきちんとチームとして機能しているかどうかという点です。ここでポイントなのは経営者個人ではなく、経営陣の「陣形」を見ること。経営者個人個人のキャラクターだけでなく、それぞれの特性や経験が補完関係にあり、チームとして機能するかが問われるわけです。

常設化した選対本部は、井上さん、浦野さんをはじめ、参議院議員の石井章《あきら》さん、柴田巧《たくみ》さんといったキャリアの長い先輩議員に、1期生の衆議院議員から岩谷良平さん、金村りゅうなさん、守島正《ただし》さん、掘井健智《けんじ》さんたちのようなフットワーク良く実務をこなせる若手議員を加えて、ベテランと若手が融合する形でメンバーを構成し、機動力を上げることができました。COOの立場である私は冷や汗つづきでしたが、馬場さんの自分の首を賭けるという宣言は、仲間の力を信じているからこそ、だったのかもしれません。

実行戦略のコンセプト

ここで中期経営計画の内容に話を戻します。参院選、統一地方選、衆院選とつづく3つのターゲットを定めて、それぞれに目標設定を明確化したのち、実行戦略を提示します。そして、組織の資源が効率的に集中できるよう、戦略実行のコンセプトとして、次の3つを掲げました。

1、民間に例えるなら、「ベンチャー企業、地域限定企業」から「上場準備企業、全国展開企業」への戦略的飛躍を目指すこと
2、新しい政党、新しい政治のあり方を広く国民へ訴求すること
3、政権獲得への意思を明確に持った野党第1党として、必要な要素をすべて兼ね備えた組織を構築すること

戦略の実行フェーズにおいては、「これってなんのためにやっているんだろう?」と迷子になることはよくあること。**自分たちが何を目指し、どうあるべきかを常に意識しながら進める**

1 地方組織の強化

大阪から始まった維新の改革を全国に拡げていくためには
地方組織の強化は必須課題。以下のような取り組みを進めます。

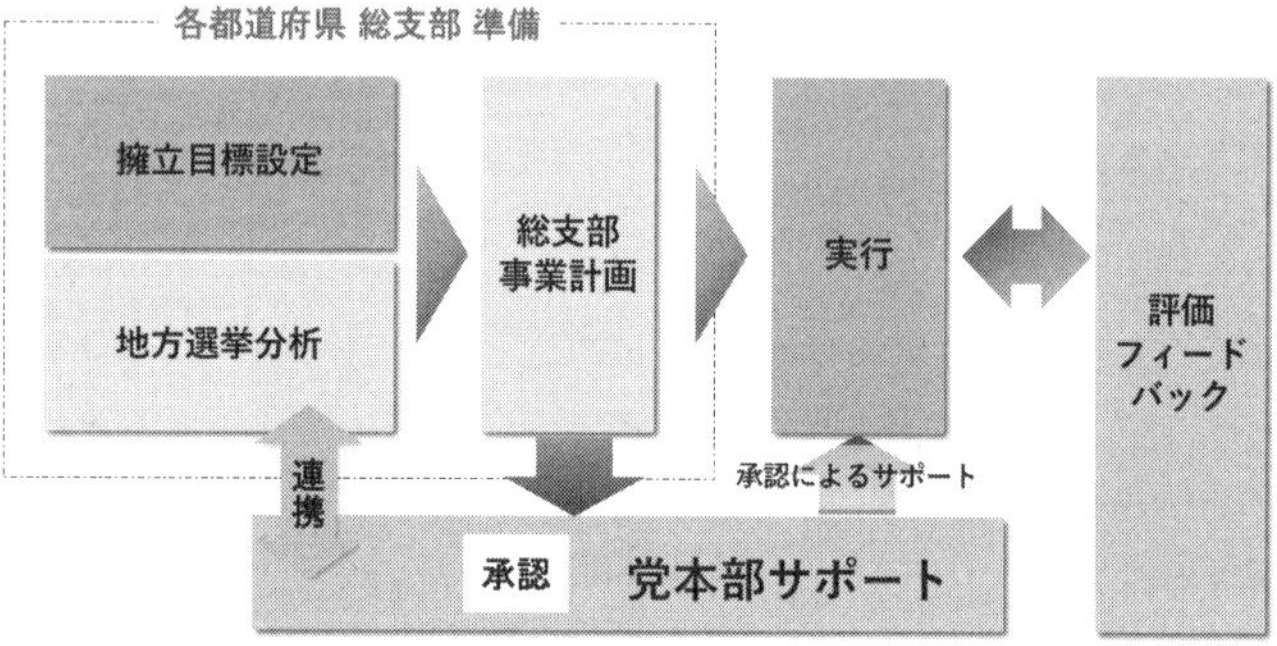

ことで、組織内の認識のズレを少なくしていく。組織を構築しながらタスクをこなし、逆に、タスクを1つ1つ完了させることで組織を強くしていく。成長過程にあるベンチャーでは、すべての経営資源が整った上でタスクに取り掛かれるなんてことはまずありません。ないないづくしのチームが勝利へ向かうには、共通するコンセプトが必要なのです。

次に、コンセプトのイメージ共有を行った上で、具体的な実行戦略として、次の4つを掲げ、進めていきました。

1、地方組織の強化
2、人財発掘プロジェクト
3、全国政調会
4、党本部機能の強化

実行戦略の1つ目が「地方組織の強化」です。大阪から始まった維新の改革を全国に広げていくためには、地方組織を強化していくことが必須課題です。そもそも、2021年時点では47都道府県のうち21支部しかありませんでした。私が視察や応援演説で地方にかけつけても、候補者や維新のポスターをまったく見かけない地域がたくさんありました。そんな維新の議員がいない空白地域をなくしていくために、選対本部のサポートのもと1つ1つ丁寧に支部を立ち上げていきました。

結果、2023年までの2年間で37支部（2023年7月末時点）まで設立が進みました。その上で、全市区町村の選挙時期を把握し、全国の支部が候補者の擁立目標を設定して選対本部と協議。目標を達成するために、自主的に支部の事業計画を作成してもらいました。その計画に基づいて、過去の選挙分析、広報のサポート、選挙対策チームの投入やノウハウの提供など、党本部がサポートを行える体制も作りました。こうした地道な組織改革の成果によって、最近では、「維新のポスターが増えたねー」「うちの壁にポスターを貼ってもいいから」という嬉しいお声がけをいただくことも増えてきました。

加えて、支部の活動には一定の資金も必要です。支部運営を円滑に行うためには職員も雇用しなければならないし、事務所をはじめとしてさまざまな経費が発生します。

そこで、本部から全国の支部へ分配している活動費について、ベース金額をアップした上で議員数の増加に応じたインセンティブ制を導入。加えて、積極果敢な事業計画を立案して実行する支部については、事業計画の妥当性や候補者の擁立状況の進捗度合いなどを審査して追加の運営資金を分配する代わりに、事後に効果検証を求めることで結果責任を明確化していきました。

お気づきかと思いますが、実際のところ、これらは地味で面倒くさい取り組みですし、すぐに結果に結びつくものではありません。**しかし、いつも党本部や執行部だけが一方的に指示を出すのではなく、全国の支部が中長期的な計画を持ち、自発的かつ計画的な活動を積み重ねて切磋琢磨し合うという組織風土を目指していくことが、党の足腰を強くすると考えました。**

まだまだ発展途上ではありますが、この取り組みが良いサイクルを生んでいる支部が各地で誕生してきています。

党勢拡大の肝は「人財」

実行戦略の2つ目が「人財発掘プロジェクト」です。企業と同じく、人財こそが組織を強くする唯一無二の存在です。統一地方選挙の目標を達成できるか否かは、全国で志ある人財を発掘、育成できるかに尽きます。**そこで、選対本部から全国の支部に対して、「最優先事項は擁立数である」というメッセージを発信しました。**先に述べたように、大阪からスタートした維新の会は、まだまだ現職議員のいない空白地域となっている市町村が数多く存在しています。そうした空白地域の皆さんからすれば、維新の会はいわば「テレビの中だけの遠い存在」という認識だったのです。統一地方選挙での飛躍を目指す上で、空白地域にいかに候補者を擁立できるかが最大の課題でした。加えて、すでに現職がいる市町村には複数の候補者を擁立して切磋琢磨してもらうことで、政治活動の質も量もアップさせていくことが必要と考えました。そこで、立候補した中で何人当選するかという「当選率」はもちろん大切ですが、あえて「擁立数」を最上位のKPI（重要業績評価指数）に置き、人財発掘プロジェクトをスタートさせました。「人材」ではなく「人財」という漢字を意図的に使用しているのは、人は党の財産であるというメッセージでもあります。

２０１２年に第1期としてスタートした維新政治塾は、これまで候補者発掘に大きく寄与してきました。コロナ禍で会場に集まっての塾開催が困難な状況を逆手に取って、党本部が主催する完全オンライン形式での維新政治塾を開講。実際にリアルで会えないデメリットを補うため、オンラインサロンのプラットフォームを活用して現職議員も多く参加しての活発な議論を行い、２０２２年開講の第6期維新政治塾には約４００名という多数の参加者が集いました。オンライン開催によって時間的、地理的な制約が緩和され、通いづらかった地域から、また忙しく仕事をしている現役世代からも多くの方が参加してくださったことは嬉しい誤算です。また、「全国ご当地維新塾」と銘打って、全国各地の支部で２０２２年だけで約20か所で対面形式も含めた政治塾を開講。これらの維新政治塾に参加した塾生の多くが候補者として選挙にチャレンジしてくれました。**２０２３年開講の第7期維新政治塾には８００名以上の申し込みがあり、入塾選考を経て総勢５００名強の塾生が学んでくださいました。**

もう1つの新しい成功事例として「候補者エントリー説明会」というオンライン企画があります。この企画は、1期生の阿部司衆議院議員が発案したもので、民間企業で言うところの「就職説明会」のようなものです。日本は労働人口が減少し、あらゆる業界、あらゆる職種で人手不足が広がっています。**昨今、民間企業の最大の課題は人材採用であると言っても過言ではありません。民間では採用活動にさまざまな創意工夫を行っており、その1つが「ファーストコンタクトのハードルを下げる取り組み」です。**候補者エントリー説明会は、いきなり面接を受けるのは気が引けるけれど、お話くらいなら気軽に聞いてみたい、そんな人のニーズに応えるための受け皿としてスタートしました。周囲に政治家の知り合いがいない環境で育ち、民間企業で働いている多くの人にとって、政治の世界が遠く感じてしまうのは自然なことです。かく言う私も初めは同じ思いを持っていました。実際の説明会では、維新の目指す政治、既存政党との違い、実際の政治活動の現実や選挙の苦労、民間でのスキルが政治にどう活かせるかなどをお話しし、双方向の質疑応答なども交えながら気軽に参加できる雰囲気を作りました。**賛否両論ありましたが、あえて「議員というキャリアを転職の選択肢に」という少し挑戦的なキャッチフレーズを使い、ネット広告やSNSをフル活用して参加者を募ったところ、全5回の開催で約250名の参加があり、その半数程度が立候補意向を示して公募選考に進むことになります。**人はどのタイミングで人生のスイッチが入るかわかりません。軽い気持ちで参加した人が、私の話を聞いてくれたことがきっかけとなって立候補に至ったという後日談を聞くことがしばしばあります。もちろん、本当に選挙に立候補するまでには、家族の理解も必要ですし、勤務している会社を辞めなければならないかもしれない。資金面の準備に不安がある人もいるし、政策や公選法の理解も必要でしょう。たくさん越えなければならないハードルがあります。私も30代で民間から一般公募で政治の世界に飛び込んだ人間です。もちろん不安もありました。しかし、実際に政治家になってみて確信することは、政治は政治のプロだけのものではなく、多様な経歴の人が集まって知恵を出し合った方がイノベーションを起こせるということです。企業経営者、ビジネスマン、士業、専門家、はたまた子育てを経験した主婦など、それぞれの経験やノウハウを発揮して公に奉仕したいと志を立てる人が政治に参画して社会を変えていく。そんな思いを持った多様な人財が活躍する政党を目指したいと思っています。

子育て世代の立候補へのハードルを下げる

子育て世代や現役世代が政治家へチャレンジする際のハードルを少しでも取り除きたい。そんな思いでスタートしたのが、子育て中の候補者に対する支援です。現状の選挙制度や慣習においては、育児が生活の中心となる子育て世代が政界に挑戦することは困難であり、とりわけ女性には政界進出のボトルネックになっていることがいくつか具体的に指摘されています。例えば、政治活動の基本の1つに「駅立ち」と言うものがあります。多くの有権者に顔と名前を覚えてもらうために、乗降客の多い通勤時間に駅の出口で挨拶したりビラを配ったりする活動です。しかし、この「駅立ち」のゴールデンタイムは、子育て世代にとっては幼稚園や保育園の送迎時間と重なってしまうといったジレンマがあります。いくら良い政策を持っていても、有権者に存在を知ってもらわなければ何も始まりません。政治活動にいかに時間を確保するかは、特に新人候補にとって当落を左右する重大問題です。**そこで、政治活動・選挙活動の時間を確保するために利用するベビーシッターや一時保育の利用料など、保育にかかわる費用を党が助成する制度をスタートさせました。**実はこの制度は、実際にこのようなジレンマに陥った女性候補から馬場代表が相談を受けたことがきっかけとなって検討が始まりました。相談を受けた馬場代表からその場で私に電話が入り、「すぐに制度設計をしてくれ」と指示を受けました。法的な制約などを確認して、利用条件や金額などを検討し、その電話から約2週間で導入が決定しました。こうしたトップの意思決定の速さが維新の強みと言えるでしょう。2022年参院選でトライアル導入し、利用条件を改善・拡充した2023年統一地方選挙では50名以上の候補者が制度を活用しました。ちなみに、利用者の約半数が男性であったことも組織の風通しをさらに高めました。当選後、「この制度を知ったことが、維新の会から立候補を検討するきっかけになったんです」と言ってくれた若い新人議員たちの声を聞けたことは本当に良かったと思います。もちろん、この制度ですべてが解決したわけではありません。より使いやすくするために制度自体にも改善の余地があります。引きつづき、多様な人財の政界チャレンジを後押しできる取り組みを検討し、積極導入していきたいと思います。

先輩議員のストーリーへの共感がきっかけに

立候補を検討する人からの質問で多いのが「どんなきっかけで政治家を目指したんですか？」というものです。維新の先輩議員って、政治家になる前はどんな仕事をしていて、何がきっかけとなって政治家になったんだろう。そして今どんな思いで政治にかかわっているんだろう。**そんな興味を持ってくれた人に応えるため、広報局にお願いして、党公式HPに「それぞれのストーリー」というページを作ってもらいました。**維新の会には、サラリーマン、経営者、主婦、士業、官僚、政治家秘書、公務員、スポーツ選手など、さまざまな経歴の議員が活躍しています。そんな先輩議員のインタビューコラムや動画をたくさん公開していきました。この企画は、私が経営する会社の採用活動での気づきから発案したものです。私の起業した会社は、スポーツジムや介護施設などを運営しており、専門職の採用活動に力を注いできました。ある時、採用ページのアクセス解析をしていて、最も閲覧されているページが先輩社員のインタビューコーナーであることに気づきます。なぜだろうと思い、新入社員の数人に聞いてみたところ、「先輩社員のインタビューを読んで、明るそうな会社の雰囲気を感じて応募した」、「先輩社員が目標を持って仕事をしていることを知って応募してみたいと思った」などの声が挙がりました。なるほど、業務内容や勤務条件は読めばわかるけども、会社の雰囲気は入社してみないとわからない。先輩のインタビューを読めば、なんとなく会社の雰囲気を想像できるし、読んでみて共感すれば応募のきっかけにもなる。それ以降、採用ページのインタビューコーナーを増やしていきました。党の候補者発掘の際に、この成功事例を思い出したのです。日本維新の会の政策や政治姿勢に共感して門を叩いてくれる方はもちろん、維新の仲間が何を考えどんな思いで政治に向き合っているのか、どんな経歴をもって何がきっかけで政界に飛び込んだのか、そういったストーリーに共感してもらって仲間になってくれる人もいるはずだと。これだけで爆発的に公募に申し込む人が増えるわけではありませんが、共感のきっかけはどこにスイッチがあるかわかりませんし、人それぞれです。民間企業の採用活動は新しい取り組みがどんどん生まれています。転用できるアイデアは政党でもどんどん試してみるというチャレンジをしていきたいと思います。

良いものは、他党の先輩からも真摯に学ぶ

ここで私自身が尊敬する先輩の政治家について少し書かせてください。維新にも松井さんや馬場さんをはじめ多くの魅力的な先輩がいますが、特に私が「かっこいい」と感じたのが農林水産大臣、法務大臣を歴任された齋藤健《けん》さんです。そうです、自民党の衆議院議員です。ここまで何度も書いてきたように、自民党の政治は現状維持・微修正ばかり。平成の時代は「失われた30年」となり、世界から取り残されて低成長にあえいできました。**しかし国会の委員会などで自民党の議員とご一緒すると、党派を超えて政治家として、人間として、心からリスペクトし、学びたいと感じる方々と出会うこともあります。**

齋藤さんとは農水委員会や予算委員会で毎日のように顔を合わせていた時期があり、スポーツ振興法案（いわゆるTOTO法）の改正案を議員立法で一緒に提出したこともありました。齋藤さんは経済産業省の官僚出身。2009年、民主党が政権を取った時の大逆風の衆院選

で初当選すると、自民党が政権復帰後、畑違いの農林部会長に抜擢されます。この時、紛糾する議論をまとめ上げ、日本の農業を再生するべく、農協の一大改革に道筋をつけ、後年、農水大臣に就任。今度は大臣として減反政策をおよそ半世紀ぶりに見直し、TPP（環太平洋パートナーシップ協定）や各国との経済連携協定を進めるなど農業の国際競争力を強化する改革も断行しました。思い描いた改革がすべて完結したとは言えないものの、分厚い岩盤規制に風穴を開けることに挑戦し、一歩前進させせました。

齋藤さんの改革への志に感銘を受けたのが、後援会に向けて配っているコラム集です。そこには停滞がつづいた平成の30年間について「宿題をやらなかった夏休みではなかったのか」と提起されているのが非常に印象に残りました。コラム集では、名著『失敗の本質』などを引き合いにしながら、なぜ明治維新で台頭し、大国ロシアとの戦争に勝った日本が、その後の30年余りで敗れてしまったのか、歴史的な考察も深くされています。真珠湾攻撃では世界の海戦史を塗り替える航空戦を見せながらも、大艦巨砲主義へのこだわりを捨てきれずにアメリカの逆襲を許してしまったことなどは、齋藤さんがおっしゃるように、構造改革ができなかった今の日本の姿と通じるものがあります。

「宿題をやらなかった夏休み（平成）」を終えて、「新学期（令和）」を迎えてあたふたする

日本の現状を直視し、先送り主義と事なかれ主義を脱して、平成の失敗を真摯に分析して乗り越える改革を成し遂げねばならない、という齋藤さんの問題意識は、私自身と同じです。党派は違っても、敬意を持って学ぶべきは学ぶ。これから政権を目指して成長するベンチャー政党の日本維新の会は、時には「党」という枠組みにとらわれずに本質を捉えるという感性を養わなければならないと考えています。

全国のアイデアを政策立案に生かす

実行戦略の3つ目が、音喜多政調会長が中心となって仕組み化した「全国政調会」です。政策立案能力は政党にとって最も重要な力の一つですから、より現場に即した政策立案ができる、他党にはない仕組みを構築したいという考えをお伝えしました。多くの既存政党が国会議員を頂点とするピラミッド型の構造であることに対して、維新の会は国会議員も地方議員も並列な組織として、水平分業的な役割分担を行うという組織構造になっています。政策立案についても、全国各地から現場の実態に沿った課題を抽出し、国政で法改正が必要なものは積極的に国会で議論をしていく。地方で実践可能なものは全国で事例の横展開を行っていく。

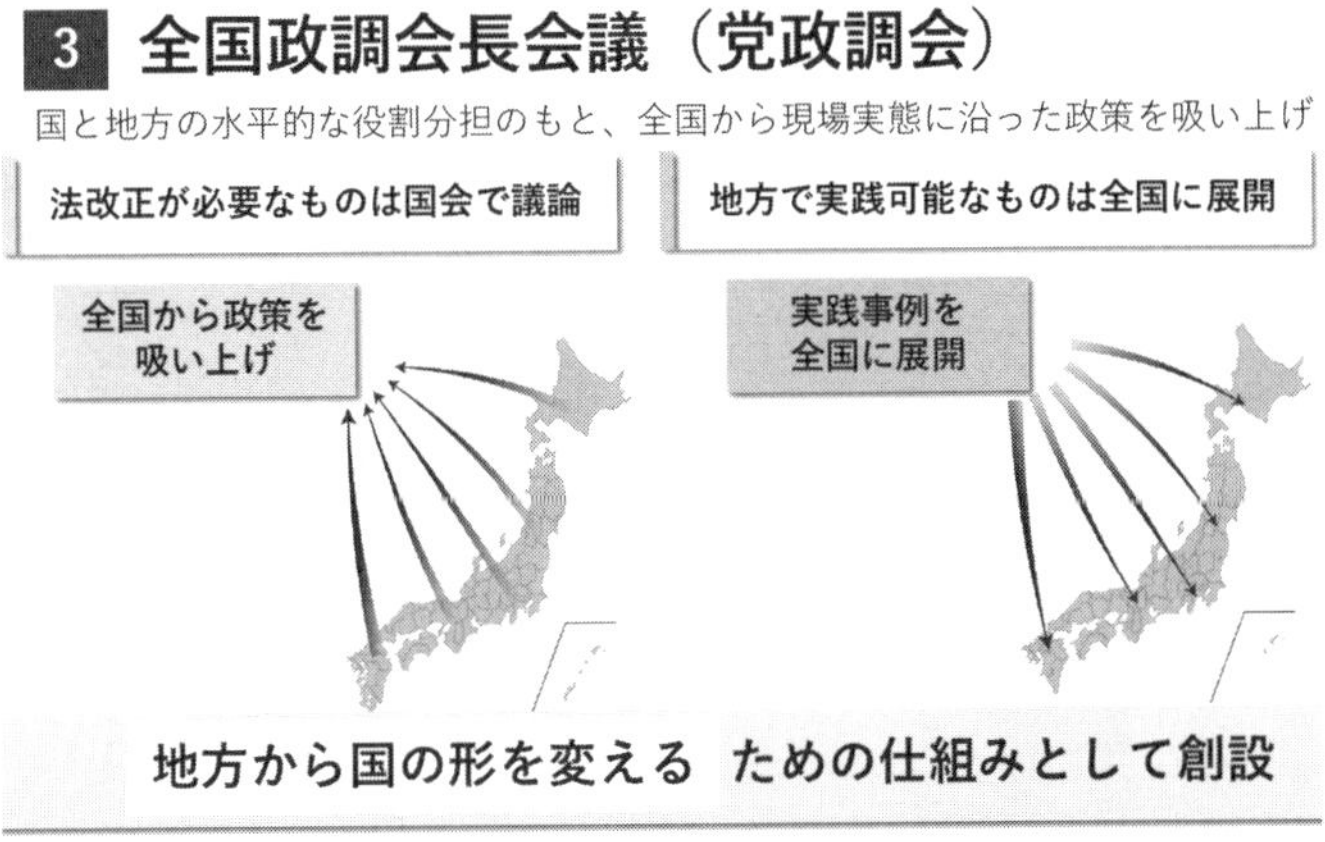
3 全国政調会長会議（党政調会）
国と地方の水平的な役割分担のもと、全国から現場実態に沿った政策を吸い上げ
法改正が必要なものは国会で議論
地方で実践可能なものは全国に展開
全国から政策を吸い上げ
実践事例を全国に展開
地方から国の形を変える ための仕組みとして創設

このように、地方から国の形を変えるための仕組みとして、全国各地の支部の政調会長が定期的に会議を実施し意見交換できる場を作りました。国政選挙のマニフェスト作成においては、全国の所属議員から意見募集を行い、地方議員も参画して政策集を作り上げます。統一地方選挙においては、全国に共通する政策の打ち出しや、エリアごとのマニフェスト作成などをサポートする体制を整えています。議題によっては国会議員と地方議員が1つのタスクフォースを作って法案作成まで実施することもあります。これは、既存政党にはない取り組みの1つです。

　また全国の政策立案能力の向上のために、全議員対象に応募型の政策コンテストを実施しました。外部有識者にも審査員に入ってもらい、入賞者には調査研究費をバックアップする企画です。所属議員がなんとなく政策に向き合うのではなく、こうやって考えてみよう、こういう調査をやってみようという前向きなエネルギーになって切磋琢磨が起こります。ちなみにこのコンテスト企画の発案者は、東京都の町田市議会議員である矢口まゆさんです。**アイデアをもって積極的な提案があれば、良いものは党として果敢にチャレンジする気風を大切にしようと心掛けています。**コンテストには全国から積極的な応募があり、何より議員間の切磋琢磨は組織の活性化につながっています。

すべての活動を支える党本部機能の強化

実行戦略の最後、４つ目が「党本部機能の強化」です。政党の実力を上げていくための最も大切な取り組みの１つと位置付けました。**政党の活動は議員だけで成り立っているのではありません。党本部機能を強化することで、中長期的に党を発展させられると考えました。**

私は以前に、スポーツ選手のマネジメント会社の経営にかかわっていたことがあります。わかりやすく言うとスポーツ版のタレント事務所業のようなものです。ＭＬＢの大谷翔平選手、

NBAの八村塁《はちむらるい》選手、ラ・リーガ所属の久保建英《たけふさ》選手、LPGAツアーに参戦中の渋野日向子選手など、世界で活躍する選手の多くはマネジメント会社に所属し、公私にわたりさまざまなサポートを受けています。マネジメント会社において、表舞台で活躍するタレントは言わば商品です。事務所は、その商品がより売れるようにプロモーションしたり、トレーニングしたり、新規営業したり、新しい企画を考えたりしてプロデュースします。売れているタレントさんはその人の能力が高いことも重要な要素ですが、優秀なマネージャーがプロデュースするとさらに強い輝きを放ちます。マネジメントの良し悪しで、商品が世の中に受け入れられるかが大きく変わることを数多く見てきました。

これを政党に置き換えると、表舞台で働く議員はタレント、裏方で支えるマネジメント会社が党本部なのです。議員の政策立案力を支える政務調査会担当、メディア出演やプロモーションを広告会社と調整する広報担当、党員管理や収支報告をチェックする総務部門担当、公職選挙法などを理解して適法に活動が行えるように支える法務担当など、党本部の業務領域はとても広く、どれも大切な仕事です。

議員は定期的に選挙があり、落選すれば表舞台から去らなければなりません。党勢次第でメンバーが大きく入れ変わることもあります。能力開発も個人に任されている部分が多く、「個人事業主」のような側面が強い。しかし、党職員は「雇用」です。**雇用する職員は中長期的なプランを持って育成することができ、個人だけでなく、組織自体にノウハウを積み重ねることができます。党職員が担当するバックオフィス機能の仕事の質を高めることが、党の発展の土台となるという意識を持つことがポイントです。**新しい価値観を持つ政党として、上場を目指すベンチャー企業のように成長し、将来的には国会議員よりも高い給料を取る幹部職員がいても良いというメッセージを出しました。

実は、私がこの発想に行きついたのは、とある旧民主党の先輩議員の言葉からです。「一寸先は闇と言われる政治の世界。激しく動く政局によっては、ワンチャンスで政権を獲ることはできるかもしれない。実際に民主党はそうだった。ただし、政権を獲っても国民の皆さんによろこんでもらうのは本当に難しいんだよ」と、しみじみ言っていました。そのとおりだと思います。政局を見極めてワンチャンスで政権を獲ることだけを目標とするのではなく、政権を獲って国民によろこんでもらう実力をつける、ということを目標にしようと。だからこそ、議員の力量を上げることはもちろんですが、党職員の実力を質量ともに上げていくことがそれ以上に大事なことだと確信を持って取り組んでいます。**そこで、戦略的な採用計画、民間企業からの積極採用、党職員の働き方改革などを中期経営計画にも明記し、目標達成のための機動**

的な本部組織を構築することにコミットしました。

党本部改革の詳細は現時点では申し上げませんが、これからの「政党」のあり方を大きく変えることになると思います。実はこの取り組みは官僚や他党からも評判になっていると耳にします。このような視点から党改革を進めようとした政治家が、既存政党にほとんどいなかったからでしょう。立憲民主党には、党職員が約１００名弱ほど在籍しているそうです。少し多いと言われているようですが、我々も本気で野党第1党を目指すのであれば、少なくともその半分ぐらいの職員数は必要です。民間企業でも同じですが、職員数は多過ぎても少な過ぎてもダメ。職員数は私が幹事長に就任した時には19人でしたが、まず1年で25人に増やしました。各部門のキャリアトラックや給与テーブルを再度整理しつつ適正化し、明確な人事戦略をもってさらに積極採用を進める予定です。

自民党の党本部には有能な職員が配置されていると聞きます。その中には、政務調査会室に長年勤務し、歴代の16人の総理総裁に仕え、安全保障政策の立案に寄与した田村重信氏のように、政策面でもベテラン議員や学識経験者に負けないだけの見識を持つ「名物職員」も存在します。

政策は本来、政党にとって最大の「目玉商品」であるはずです。企業であればこの商品開発に多大なコストをかけ、ヒト、モノ、カネのリソースを投入しています。ところが日本の政党はといえば、戦後、自民党1党支配が長くつづいたことで政策作りは霞が関にほぼアウトソーシングする実態がつづいてきました。

最近はさすがに減っているようですが、昔は国会質問や地元への説明に必要な資料を作るのに役所の担当者を呼び出してお願いするようなことも珍しくなかったと聞きます。これも与党と官僚の〝役割分担〟と広い意味での一体化がつづいてきた名残です。

ある意味、与党が官僚をシンクタンクとしてほぼ独占しているので、野党はそれを補う方策を考えていかねばなりません。

民主党政権が上手くいかなかった理由の1つに、財源の裏付けに乏しい無謀な政策を掲げて失敗したことがよく挙げられますが、「机上の空論」となってしまったのは、政権を取ることが現実的になってきた段階でも政策立案を支えるヒト、カネ、情報が構造的に確保できなかった側面があったのではないでしょうか。

もちろん、この構造を打破するのは簡単ではありません。ただ、選挙対策にしろ、広報やマーケティングにしろ、勝ちつづける党組織を作り上げていくには、政策と党運営に磨きをかけなければならないし、党本部に自前で官僚機構と対峙するシンクタンクを構えるくらいの覚悟が必要です。

かつての民主党政権にはなくて、維新だけの強みと言えるのが、大阪を中心に行政機構を動かしてきた経験と実績です。無駄な補助金を整理し、議会の定数を削減して新たな財源を作り出し、それを教育無償化などの次世代への投資に回してきたように、地方で「不可能を可能に」してきた経験と実績を国政でも活かせると思います。

何よりも国民の目線に立ちつづけ、国民に寄り添いつづけられるのかどうか。古い政治や悪しき慣習を壊し切ることができるのか。経済成長と格差解消を両立し、時代に合わなくなった構造を作り変える。困難と逆境にも耐えて前進しつづけるための「仕組み化」を行うべきです。

議員や党員を船乗り、党を船に例えれば、大嵐にあっても１人１人は維新スピリッツを揺るがさずに船務にくらいつく地力がついているか、そして私自身は「政党ＣＯＯ」として船員１人１人の能力を引き出し、維新という名の船を航続能力の高い組織に作り変えることができるのか、大きな挑戦となります。

データを駆使した統一地方選挙での戦い

中期経営計画では統一地方選挙を経て、地方議員と首長の数を現状400名から1・5倍の600名体制を目指すという目標を掲げました。そもそもこれまで、既存政党の党本部が地方選挙の数字目標を掲げるのは珍しいことでした。数字目標を設定すれば、責任を取らなければならなくなるからです。また、自民党の地方選挙は各個人や支部におまかせの部分が多く、公約や主張も地域ごとに自由奔放。公認候補だけでなく、党員ではあるけれど「自民系無所属」みたいな候補者も多いのが実態です。対して、維新の会は、どの候補も統一的な政策思想を持って活動し、党本部が地方のエリアごとにマニフェスト作成をサポートしながら、党一体となって選挙に臨むというスタイルをとっています。あえてきびしいと言われた数字目標を設定したのは、自分たちで勝敗ラインを引いて、党全体としての勝ち負けをはっきりさせる意図がありました。

勝敗ラインが明確にあれば、アクションが具体化されます。前述のとおり、この統一地方選挙での勝敗をわけるのは「擁立数」に尽きるとして、最上位のKPIに設定しました。そこで私が行ったのは、徹底的なデータ分析です。**過去の国政選挙、地方選挙、世論調査結果をはじめ、さまざまなデータをもとに、プロのデータアナリストの力を借りてすべての市町村における選挙情勢の分析を実施。**維新のポテンシャルがどの程度あるか、何人の候補者を当選させられる可能性があるかを把握しました。分析の方法は企業秘密ですが、いわゆるビッグデータ解析のようなものだと思ってもらえればわかりやすいかもしれません。そのシミュレーションをもとに、全国の都道府県支部と選対本部の間で擁立目標のすり合わせを行いました。支部には、「擁立数を最も評価する」と明言し、果敢なチャレンジを繰り返しお願いしました。データというのは面白いもので、嘘をつきません。例えば、うちの町は保守系が強く、逆に隣町は共産系が強いから、維新の会はこの町では戦いにくい、といったような通説があったとします。実際にデータを分析したところ、結果は逆だということもよくありました。もちろん選挙は水物ですから、候補者のキャラクターや活動量によって結果は相当変わります。しかし、なんとなくの印象論で語ることを極力なくし、データを元に議論を行いました。企業でもマーケティング調査によってある程度の市場見通しを立ててから勝負すると思いますが、データから課題が見えていれば「この地域はあと一押しでいけるから応援の人員をもっと投入しよう」といった采配を振るうことが可能になります。50人の候補者から30人当選するというような定数の多い大選挙区制度の市町村選挙では、維新の公認候補者が少なければ当選確率は高まります。だから、複数名の擁立を積極的に行うと、候補者個人はきびしい戦いを強いられるのは当然です。維新公認候補が1人しか出馬しないならトップ当選を狙えるかもしれませんが、3人出馬したら誰か落選するかもしれない。そんな危機感を持ちながら、擁立目標をすり合わせ、すべての支部が積極果敢に候補者発掘を行ってくれました。

結果は、782名の公認候補者が立候補して599名が当選。選挙時期のずれている175名を加えて、合計774名の議席数を獲得し、600名という当初目標を大きく上回って達成することができました。大阪では吉村大阪府知事、横山大阪市長の当選に加え、絶対に不可能だと言われてきた大阪市会議員の過半数を獲得。奈良では維新公認で山下まこと知事が誕生。兵庫県、京都府でも府県議会や政令市議会で大幅増。維新がこれまで力を発揮できていなかった和歌山では衆議院議員補欠選挙で林ゆみさんが自民党公認候補を破って当選しました。その後の選挙でも当選者が続出しており、地方議員数は今年中に800名以上にまで増やすことを目指しています。

特筆したいのは神奈川県の戦いぶりです。神奈川はこれまで党勢拡大に苦しんできましたが、県選対本部の積極擁立方針にいち早く呼応し、県代表の金村りゅうな衆議院議員をはじめ、県幹事長の浅川義治衆議院議員、知事経験者の松沢成文《しげふみ》参議院議員らが相当駆け回ってくださり、70名を超える候補者を積極擁立。県内の現職議員がたった5名程度だったところ、今では合計40名以上の議席をお預かりすることができました。

多くの当選者を出すことができた反面、惜しくも落選となってしまった候補者もいます。**選挙後、私は「多くの当選者を出すことができた反面、ともに維新の旗を掲げて戦ってくれ、惜しくも落選した仲間の努力を忘れないでほしい」ということを、さまざまな場で繰り返しお伝えしました。**全国の支部には、すべての落選者と個別に面談し、今後の活動の相談に乗り、可能な限りのフォローをお願いしました。維新の会は、「現状維持ではダメだ、改革をもって世の中を良くしたい」という、既存政党とは違う熱い思いを持った方が集まる政党です。関西では少しは地力がついてきたものの、それ以外の地域ではまだまだ発展途上のきびしい情勢であり、そんな維新の会という弱小ベンチャー政党の旗を立てて立候補し、勇気を持ってリスクテイクしてくださった皆さんを大切にしようと心に誓っています。私自身も初めての選挙は落選し、くやしい思いをした1人です。でもその戦いは必ず次につながると信じて、1人でも多くの方が志の火を消さずに維新の仲間として引きつづき戦ってほしいと思っています。

文春砲に初めて撃たれる

幹事長という立場が、私自身が思っている以上に注目されているのだと痛感する出来事がありました。あの〝文春砲〟に初めて撃たれてしまったのです。

週刊文春に載った記事のタイトルは『「アフター行こう」「銀座進出」藤田幹事長の維新ホステス戦略』。まるで私が銀座で豪遊しているかのような印象を持たれそうです。しかも今のご時世は文春もネットでしか読まない人たちが多いのに、有料会員になっていないと全文が読めないから腹立たしい。では中身はきちんとしたことが書いてあるのかといえば、これがあることないこと、好き放題書かれています。私の生い立ちを紹介した政治記者のコメントはまちがっていませんでしたが、記事では、政党支持率で維新が影響力を持ち始めたので、自民も立憲も維新にすり寄り始めている、そんな状況を「維新を高級クラブのホステスに、自民や立憲を客に」例えて、私が「維新ホステス戦略」と呼んで面白がっていると書き立てています。

私は経営やビジネスに置き換えて、仲間内にも有権者の皆さまにも党の戦略をわかりやすくお伝えしているつもりですが、どこでどう捻じ曲がったのか、夜の銀座に話が置き換わってしまいました。自民党にも立憲民主党にも失礼な話です。

この報道が出てきた背景としては、代表が松井さんから馬場さんに代わり、維新の政界における立ち位置がどうなるのか、永田町の住人もメディアの皆さんも今ひとつ読み切れないところがあったのでしょう。

立憲民主党との政策協議についてはあくまで項目を限定しての協力関係でしたが、「共闘」と書かれて話題になりました。旧統一教会の被害者救済法案に象徴されるように、国民のためになる政策であると判断すれば、自民党に対して一緒にプレッシャーをかけていく協力関係はあるでしょう。しかし選挙協力となれば話はまったく別です。憲法や外交・安全保障という国の基本政策で思想があまりにもかけ離れている限りは、国政選挙での協力はあり得ません。

立憲民主党との協力関係は終焉を迎えましたが、私は政策ベースで野党第1党と第2党が真剣に向き合ったのは良かったと思っています。協力しやすいところから進めるということも否定しません。しかし残念だったのは、公開討論で安全保障やエネルギー政策という政党の根幹となる分野についてガチンコ議論をしようと提案したところ、立憲民主党から拒否されたことです。お互いの考えを出し合い、合意点を見出し、違いを明確にしようということに真剣に向き合わない状態で、選挙協力のことを考えるのは国民の皆さんに対しても失礼なことです。

自民党との関係に関しては、私たちは正面から対決する存在であると思っています。もちろん、具体的な法案に関しては是々非々です。安全保障や外交など、考え方が重なるところも大きいからです。**55年体制時代のように選挙を意識したパフォーマンスのため「反対のための反対」に終始する無責任な野党であっては意味がない。だからと言って、自民党に似た政党であっても意味がない。我々と自民党の対立軸は、抜本改革を良しとするか否か、日本の現状を否定するか、肯定するかです。**維新は自民党に似た政党であるとメディアなどに揶揄されることも少なくありませんが、それは彼らが「安保対立」を日本の最重要問題だと位置づけているからです。維新は、今の日本の対立軸は「外交安保」ではなく「改革マインド」の有無であると思っています。

世論調査の政党別支持率では「どの政党も支持しない」無党派層が最多を占めていることが普通になりました。政党人としては忸怩《じくじ》たる思いもありますが、時代に合わせて何を変え、何を守るのか、皆さんが各政党の主張を比較しつつ、やはり是々非々で判断されていることが多いのだと考えます。無党派層の皆さんの心を掴みつづけるのは至難の業です。しかし、**無党派が多すぎるというのは、けっして有権者の皆さんが間違っているのではなく、そこに応えようとしない日本の政党が間違っているということです。**常にアンテナを高く張って民意に敏感になることが私たちの組織力、政策立案能力を成長させていきます。

全国行脚の「嬉しい悩み」

幹事長になると、地元を空けることが増えます。昔から永田町では、「金帰火来（きんきからい）」といって、国会が終わる金曜の夜には地元に戻って会合や行事に顔を出し、火曜朝には東京へ帰ってくるという基本サイクルが定着しています。

しかし、週末も東京に残り、各党の責任者を集めたテレビ番組に出演することも増えてきました。田原総一朗さん司会の「朝まで生テレビ」であれば土曜の未明まで徹夜で生出演し、翌朝仮眠をとってから地方に選挙応援に行くことも。日曜朝のＮＨＫの「日曜討論」で各党幹事長を集める回もあります。**最近は幹事長会見に足を運ぶメディアも増え、大げさではなく、私が発した一言一句が党の命運を左右する可能性もあるわけですから、スタッフと話し合いながら資料を読み込むなど、移動中も事前準備から気を抜けません。**

また、幹事長として党全体を見る立場になってからは、選挙の応援や遊説などで全国各地に行く機会も増えました。維新の支持率が全政党でトップを走りつづけている大阪と異なり、国会議員も地方議員もほとんどいない地域もあります。

私たち維新の考えを「そもそも」からご説明しなければならないアウェーのきびしさを体感しますが、最近は、嬉しい言葉をいただくことが増えました。福岡に応援演説に行った際、「大阪に住んでいる息子から大阪が良くなったと聞いている。がんばって!」とおじいちゃんからお声がけいただきました。東北ではおばあちゃんから「今まで地元に維新の議員がいなかったけど、候補者を立ててくれて嬉しい」、滋賀県では同世代の男性に「うちの自治体はずっと同じ政治家と業界団体が牛耳っている。新しい風を吹かせてほしい」とエールまでいただきました。「抜本的に国や地域を改革しなければ」という熱い思いで開拓している仲間や有権者の方たちに歓迎されると、身が引き締まる思いです。

地域によっては、初めて行くところなのに「あれが維新の若い幹事長か」となんとなく見知ってくださるところも増えてきました。前述の文春もそうですが、テレビ出演も含めてメディアに出たことによる影響力も感じます。私のことが知られるようになるのは政治家として嬉しいところですが、その反面、意外に悩ましい部分もあります。

私たち衆議院議員はいつ解散があるのかわからず、いつ政治活動が選挙活動に変わるかもしれない「常在戦場」です。**田中角栄元総理の金言「握手した数しか票は入らない」ではな**

10年前、その理由を次の3点にまとめています。

理由1．顔を売って、選挙で投票して欲しいから
理由2．地域に溶け込み、地域の声を聞きたいから
理由3．自分が純粋に楽しむため
（出典：音喜多駿ブログ「議員と夏祭りの付き合い方」2013年8月5日）

音喜多さんは2と3の実現を目指していると綴っていて、私もまったく同意なのですが、ブログで「2が建前、1がホンネ」とズバリ指摘されているような実情はあると思います。実際、最初の選挙に落ちた後の私も1〜3の間で気持ちが揺れ動きつづけたことは否定しません。

一方で、政治家の中には、お祭りに参加するように地域とのつながりを持つことを嫌う人もいるようです。「国会議員は国のことを論じるのが仕事で、地域のことは市議会議員の仕事」と割り切っている方もおられます。**政治活動の中身については人それぞれなので否定はしませんが、地域とのつながりをわざわざ細くするような考えは、私はもったいないように思います。**地域あってこその国ではないでしょうか。また、そうした割り切りをしている限りは、

強力に地縁を張り巡らせた自民党に代わって政権を担う党は作れないと感じています。

そもそも「政治」の「政」は「まつりごと」、その語源は神事の「奉る」から来ています。大昔は、神様を祀る祭事と土地を治める政治が一致していたわけです。そこから歴史を経て祭事と政治はわかれましたが、祭事を営む上で多くの人々がかかわり、その土地の伝統や歴史を守り、後世に伝えるコミュニティを形成しています。そして、そうした人の集まりは政治や社会の基礎の1つになっています。

コロナで復活したお祭りに参加したことを先に述べましたが、約3年の空白を経て、祭りの火を再び灯した皆さんの苦労話をほんの少しお聞きするだけでも、何のために自分自身が政治の仕事をやっているのか、皆さんや地域をどう支えていかねばならないのか、原点を見つめ直す機会にもなります。ちなみに私は子どもの頃からお祭りが大好きなので、参加することで大きなエネルギーももらっています。

幹事長は松井さんのイエスマン？

私たち維新の創業者の1人が松井一郎さんです。

本書を出版する前の2023年4月6日の任期満了をもって、大阪市長を退任され、政界を引退されました。まだ59歳。政治家としてはこれからが最も脂がのってくる時期ですが、皆さんもご承知のように、大阪都構想の賛否を問うた2度目の住民投票で敗れた結果を受け、橋下さんにつづき、松井さんも「負けたら引退する」との宣言どおり、潔く身をひかれました。あらためて残念でなりません。

21年衆院選の約1か月後、党大会で最後の代表任期に入ることが決まった松井さんは、私、藤田文武を幹事長に抜擢されました。

維新は衆院選で議席を約4倍に増やして第3党になったばかり。この規模の国政政党で、まだ2度目の当選を果たしたばかりの若手がこのような重職に就くのは極めて異例です。

ただ、そうした経緯から、「藤田さんって松井さんのイエスマンだったの?」と何度か聞かれたことがありますが、実態はそういうわけではありません。こう書くと拍子抜けされそうですが、実はこれまで一緒に仕事をしたことが全くありませんでした。社長と新入社員のような関係、主な活動場所も大阪と東京で離れていますから、当然と言えば当然です。幹事長になってからも最初の数か月は携帯電話の番号も存じ上げなかったくらいです。

短い期間でしたが一緒に働かせてもらい、近くで感じることができた政党代表としての松井さんの「経営手腕」は、企業経営をしてきた私の目から見てもお世辞抜きに尊敬に値するものでした。

経営者・松井一郎の凄みの1つは、決断する力です。一見すると、世間だけでなく維新の内部でも驚くようなことであっても、その時点の組織に本当に必要だと思えば大胆に決めてしまう。その一例がまさに「私自身」です。決して、私が幹事長に抜擢されたから言うのではありません。同じタイミングで、政調会長に音喜多さん、総務会長に柳ヶ瀬さんを指名しました。お2人とも都議会議員の経験を経て国政に来られたとはいえ、19年の参院選で初当選したばかりの新人議員です。私も含めて国会議員になって数年の若手を党三役に据えることなど、永田町では前代未聞のことでした。もちろん、老舗政党の自民党ではあり得ない人事です。

なぜこの抜擢人事だったのか。結党から10年が過ぎ、松井さんの引退も決まっていて、組織としては次世代にどう継承するか、そして党勢を全国にどう拡大するか、組織としては大きな分岐点に差し掛かっていました。しかし、若返りが必要と言っても、私たちより実績も能力もある先輩方が多数おられます。いきなりギアを入れると外部だけでなく内部にも小さくない波紋はあります。

私が経営者時代から心に留めている言葉に、**「大事の思案は軽くすべし、小事の思案は重く**

すべし」という武士道を説いた「葉隠」の一節があります。大きな案件ほど即決し、些細な事柄ほど、一度立ち止まって冷静に考えるべきという教えです。人生の分岐点に差し掛かった時や、大きな経営判断を求められた時、優柔不断でなかなか決断できず、チャンスを逃してしまうなんてことはよくあることです。逆に、日々の些細な選択においては、一見すると大したことでないが故に、深く注意せず安易に決めてしまって落とし穴にはまってしまうこともよく見受けられます。大惨事は、得てして小さなミスからスタートするものです。

ではなぜ、素晴らしい経営者は大きな案件を迷わず即決できるのか。それは、常日頃から頭の中でさまざまな想定を繰り返し、自分の判断軸を研ぎ澄ませ、いざ大きな決断を迫られた時には既に答えが出尽くしている状態を作っているからです。一方で、些細なことは、常日頃からシミュレーションしているわけではありません。そこで大事なことは、目の前に流れてくる些細な出来事の中から、見落としてはいけない重要なアラートに気づくことができるか。四六時中、そのアンテナを張れるかが勝負です。気配り、目配りの感度を上げると言い換えても良いでしょう。

もう1つの松井さんの凄みと言えるのは「まかせる」ことです。これは民間でも同じことで、リーダー1人が重要なことを抱えていては、組織は成長しません。それでいて「ダメだったら、変えればええねん」とあっけらかんとしている（笑）ことも大事です。

異例の若手三役が決まったことで、党内外に「維新が次世代に向けて動き出したぞ」という創業者のメッセージが十二分に伝わりました。そして、これまで大阪選出の議員が三役だった中で、音喜多さん、柳ヶ瀬さんという東京選出の2人が抜擢されたことで、これから党勢を拡大しなければならない東京などの首都圏の仲間たちからも「大きな勇気や刺激をもらった」と聞きます。

ゼロから立ち上げた新党を何年もつづけることは至難の業です。過去30年の政界を振り返るだけでも、幾多の新党が現れては消えることの繰り返しでした。維新も２０１５年の大阪都構想の住民投票で負けた時には「これでもう終わりだ」と囁《ささや》かれました。しかし紆余曲折を乗り越え、ここまでの足場を築いています。

松井さんは政治家になるまでの十数年、経営者をされていました。世の中はバブルも弾けて大阪の景気が極めてきびしくなっていった中で、中小企業の経営をされるのは並たいていのことではなかったと想像します。その頃の経験が今生きているのではないでしょうか。**勇断と大胆さ**。松井さんのマネジメントを間近で見ることができ、〝経営者の後輩〟としても学ぶことが多々ありました。

引退後にお会いした際、「藤田、お前は修業中の幹事長やから、調子に乗んなよ」、「維新は絶対にブレたらあかん」、「永田町の常識ではなくて、世の中の人がどう思うかを常に考えろ」と言って、温かい激励とアドバイスをいただきました。松井さんの抜擢人事の決断が正しかったと言ってもらえるように、創業者の思いに応えていきたいと思います。

「人情家」馬場伸幸代表の知られざる凄み

私、藤田文武が幹事長の仕事に邁進できているのは、現代表の馬場伸幸さんの力によるところが大きいのは間違いありません。初めて馬場さんにお会いしたのは、私の現在の選挙区である大阪12区の公募選考の面接官としてでした。公募には党内外から相当数の応募があり、半年以上をかけて選考が行われました。最終選考まで残った複数候補者の中から、選考委員が決めあぐねていたところ、私を引き上げてくださったのは馬場さんだったと聞きます。松井さんに対して、私を幹事長に推薦したのも馬場さんでした。

馬場さんはいつも野球を引き合いにご自身を謙遜して「8番キャッチャー」型の人間だと自称されています。たしかに「4番ピッチャー」のようなタイプとくらべると、これまではご自身が言うようにことさらに目立つ場に立とうとしなかった縁の下の力持ちのような部分があったのかもしれません。野球のキャッチャーというのは9人の中で唯一仲間の方を向いてグラウンド全体を見渡しているポジションであり、常に組織の潤滑油になろうとしんどい仕事を率先して引き受けて、橋下さんや松井さんを支えてきた馬場さんにぴったりの例えです。

しかし馬場さんの「決断できるリーダー」としてのアンテナの高さと意思決定の速さは、橋下さんや松井さんと共通しているように思えます。私がご一緒してきただけでも、コロナ禍の初期に全政党で最も早くコロナ対策本部の立ち上げを指示し、新しい社会像を指し示す日本大改革プランを党の公式政策に採用。これからの国家・社会・個人に多様性が重要だと判断し、ダイバーシティ推進局を設立して社会政策を推進。女性の選挙活動では子育てとの両立が大きな壁だとわかるや、選挙時のシッター代の助成制度創設をすぐに決められました。

これらの施策の実務はそれぞれの担当部門が手分けして準備をしてきたものですが、企業で言えば新規事業や新規投資へのチャレンジのように、導入に当たってリーダーの決断が必要なことばかりです。担当者が若手であってもしっかり提案を聞き、「やるぞ」と決めたら号令一下、実現したものでした。

リーダーとして馬場さんに特筆すべきは、成功してもことさらに自分の功績だと偉ぶるこ

とも賢ぶることもなく、実務で汗をかいた人間に花を持たせようと心掛けるところです。それでいて果敢なチャレンジには背中を押し、失敗したら責任を引き受ける度量があります。

結党から十数年、馬場さんは事実に反するいわれのない批判があってもじっと耐え、大義のためには地味でしんどい仕事も引き受け、つらい時にも組織を支えつづけてこられました。政治の世界は何かと他人を押し退けて目立ちたがる人が多いだけに、本当に馬場さんの存在は貴重なのです。

２０２２年８月、維新が結党以来、初めての代表選を行った時、私が迷わず馬場さんを支持し、全力で応援したのは、まさに第２創業期における理想のリーダーだと確信していたからでした。加えて、馬場さんが政治の世界において私の師であり、兄とも言える存在であったことも大きかったと思います。

これまであまり話したことがない思い出があります。

私が初めて選挙に出たのが２０１７年秋の総選挙。奮戦むなしくあと一歩のところで当選に届きませんでした。落選が決まり、一夜明けて当時幹事長だった馬場さんに電話をしました。「力不足でご期待に添えず、申し訳ありませんでした」と言った私に、「藤田くん、君は絶対に諦めたらあかんで。君は次の世代のリーダーになれる可能性のある人材や。勝つか負けるか、最後は〝運〟はあんねん。これは運や。でも、その運を掴むためにがんばれ」とハッパをかけてくださいました。

　なんの実績もないどころか、期待に応えられずに落選したばかりの私には、あまりに過分な言葉でした。馬場さんの言葉を聞きながら、いつしか私の目頭は熱くなっていました。何か月もかけて人生をかけて挑んだ初めての選挙戦で、私が初めて泣いた瞬間でした。涙を流しているのを悟られまいと、事務所裏の倉庫に行くふりをしながら、沸々と新たな感情が湧いてきました。結果は出なかったけど、ちゃんと見てくれている人がいる。

　よし、もう一度やってやる――。馬場さんのひとことで、私は挫折からの一歩目を踏み出し

▲2019年4月20日、衆院補選の最終戦、寝屋川市にて

たのです。

落選中もたびたび声をかけてくださり、その後、私が２０１９年の補欠選挙で当選し国会で一緒に働くようになってからは、折に触れて、維新の歴史、政治家としての立ち居振る舞い、地元活動のやり方、党運営の要諦など、さまざまなことを教えてくださいました。馬場さんは、親戚に政治家がいたわけでもなく、民間から議員秘書、地方議員、そして国会議員へと１つ１つ自分の力で道を切り拓いてきた人。いわば「叩き上げ」の政治家です。私も親戚縁者に政治家がいたわけでもなく、ゼロからスタートして、ビジネスの現場でもがき苦しみながらここまで来たこともあり、その「叩き上げ」の人生観に共感する部分がたくさんあります。橋下さん、松井さんという２人の創業者から引き継いだ馬場さんは、今の維新に必要な我慢強さを兼ね備えた理想の「第２創業期の社長」だと私は思います。

参院選で見えた維新の課題

来る衆院選で維新が野党第１党を取るにはどんな課題があるのか、直近の国政選挙となった２０２２年の参院選をおさらいしながら述べてみたいと思います。

参院選の公示前、維新の所属議員は非改選組の9名と改選組の6名、合わせて15名でした。国会に提出する法案の中でも、予算に裏付けられた法案（予算関連法案）を出すには参議院で21の議席が必要です。つまり非改選の9名に加え、今回の参院選では12名の当選者を出さねばなりませんでした。21年衆院選で第3党になった我が党ですが、25年秋までに行われる次期衆院選で野党第1党になることを目標にしています。この参院選の結果は、そこに向けての重要な一里塚となります。

参院選は都道府県選挙区と全国比例の2つの選挙区制度にわかれます。

先に比例から振り返りましょう。全国比例は党の名前もしくは候補者個人の名前を投票用紙に書いていただきます。全国どこからでも投票できるので、各党とも名前の売れた著名人や業界団体などの推薦候補を擁立することが多いのはそのためです。維新の場合は、もちろん単に知名度だけではなく、本人の熱意、維新の理念への賛同、政治の世界で何をやりたいのかなどをお互いすり合わせた上で公認を出します。

選挙分析的な観点で言うと、組織団体の後ろ盾がない維新にとって、比例は「空中戦」の要素が多く、無党派層からどの程度の期待を受けることができているかを図るバロメーターでもあります。過去に国会議員や知事をされた方々のような即戦力に加え、民間の世界でめざましい実績を残された新人候補者を多数擁立しました。

こうして比例で維新は自民の18名に次ぐ8名、得票数も野党最多となる784万票を集めることができ、一定の結果を残せたと思います。**立憲民主党が677万票でしたから、100万票以上の差をつけて野党で一番多くの票をいただくことができたわけです。党勢が着実に関西以外でも伸び始めていることが実感できました。**

前年の衆院選では、野党第1党だった立憲民主党を比例票で上回ったのは京都を除く関西と富山のみでしたが、参院選では東京や神奈川、茨城、静岡、岡山、山口、徳島、熊本などで初めて立民を上回ることができました。

他方、どこまで根を張っているのか地力が問われる都道府県選挙区では、本拠地の大阪で2つ、兵庫で1つの現有議席を守ったものの、京都は得票率であと2%弱届かず、東京もあと一歩まで迫りながらおよびませんでした。

京都は大手ガス会社で長年活躍されてきた地元出身の楠《くす》井《い》祐《ゆう》子《こ》さんを擁立。かなり異例ですが、以前から維新と考え方の近かった国民民主党の前原誠司衆議院議員のご支援も得て、4期務めていた立民の元幹事長、福山哲郎氏を猛烈に追い上げました。

参院選終盤に安倍晋三元総理が銃撃されて亡くなるという痛ましい事件があり、維新と自民の間で迷っていた方々が自民候補に流れてしまったと分析する評論家もいるようですが、まだ地力が足りなかったことは率直に反省しないとなりません。

東京は維新塾1期生でもあった元大阪市議の海老澤由紀《えびさわゆき》さんを擁立しました。立民の蓮舫氏やれいわ新選組の山本太郎代表など政界を代表する顔ぶれだけでなく、作家の乙武洋匡さんが無所属で出馬するなど、著名人も参戦する東京の選挙は首都ならではの難しさもあります。

海老澤さんは53万票を獲得。これはその3年前に当選した音喜多さんの52万票に匹敵し、知名度では圧倒的に上回る山本氏に3万票余りまで迫っただけに残念でなりません。一方で、東京都内で維新が獲得した比例票が87万票ありました。選挙区との落差は34万票。その10分の1でも選挙区で獲得できていれば海老澤さんを当選させられただけに、維新に期待する都民の方々を確実に選挙区での支持に繋げられなかった点もまた、地力のなさなのだと思います。

都議会では維新の議員はたった1人ですし、住民に近い市議や区議をもっと増やさなければなりません。そうでなければ、**都民にとって維新はいつまでも「大阪の政党」というイメージから脱却できないと感じています。**統一地方選挙を経て全国に新しい維新の仲間が誕生しました。各地で地道な活動を積み重ね、党一丸となって成長していきたいと思います。

［第三章］

ベンチャー政党から全国政党へ

企業経営と政党運営の意外な共通点

企業も政党も人が集い、皆が目指すビジョンやミッションを実現しようという組織である点では同じです。そして企業であろうと、政党であろうと、人や組織が成長していくためには、目標や方針を掲げていることが肝要です。

我が大阪が輩出した世界に誇る大経営者といえば、松下電器（現パナソニック）創業者の松下幸之助さんです。１９７２年、77歳の時に経営方針について持論を述べられたことが印象的です。

松下さんは「会社が一定の命令を出して、全部がその命令のとおりにやるということは、なかなかできない」と、人それぞれの個性があり、皆を束ねていくことの難しさを指摘した上で、次のように語られたそうです。

「幸いにして松下電器には経営基本方針というものが厳としてある。その基本方針をよく理解し、それを踏まえて、自己の創意工夫というものを存分に発揮してもらう。（略）色とりどりであるが、みんなりっぱな花が咲くのである」（出典：パナソニックホームページ：松下幸之助、「組織の活性化」を語る 経営方針発表会で語る「組織活性化の要諦」）

松下さんがおっしゃった経営基本方針は、今の維新で言えば毎年作る活動方針であり、3年ほどのスパンを見据えた中期経営計画に当たります。

すなわち、毎年の活動方針では、衆院選、参院選、知事選、都道府県議選、市長選、市議選といったその年の選挙に勝つための方針などを取り決めます。中期経営計画は、維新スピリッツや日本大改革プランを実現するべく、組織をどう成長させていくのかを示します。

一方で、松下さんが述べられた「色とりどりの花」をまとめて咲かせていくのは、政党の場合、企業よりも難しい点があります。

政党が企業と違うのは、経営陣と社員のような「タテの関係性」が確立されているのではない点。**構成員である議員は、それぞれの選挙区で有権者に選んでいただいた人たちであり、制度的には「対等」な存在です。**

私が民間にいた時の経験で言うと、政党というのは青年会議所のように経営者・自営業者の集まりに近いかもしれません。裏を返せば、上からの号令一下だけで単純に動いていくわけではないと言えます。

振り返れば、橋下さんは同じマネジメント能力でも、行政組織のトップである市長・知事として求められる手法と議員集団である政党の束ね方が異なることをいち早く意識されていました。

橋下さんと堺屋太一さんの共著『体制維新――大阪都』（文春新書）で、橋下さんは、役所でのマネジメントについては「政治家の役目は、一定の方向性を示し、その実現に必要な人やお金の配置をし、組織が機能する環境を整え、組織が動かなくなる障害を取り除くといった組織マネジメントをすることである」と指摘されています。これは企業ともあまり変わりないと思います。

他方、政治マネジメントはどう見ておられたかと言えば、「政治マネジメントで最も重要なのは、議論を尽くすべき問題は徹底的に議論し、すでに判断に機が熟したとされるものは、思い切って判断を下すこと」としています。

ただ、その両方とも橋下さんは結果責任を強く負うことも述べられています。有言実行なのです。だからこそ役所の職員も、党の議員たちも信頼する。２０１５年の大阪都構想の住民投票で負けた時、潔く退任されたのは本当に残念なことですが、だからこそ、橋下さんの背中を見て私たち後進も覚悟を持ち、それが現在の維新の力になっているのです。

企業経営と政党経営の大きな違い

近年、「レジリエンス」という言葉がビジネスの世界で注目を集めています。日本語で言うと、「回復力」や「復元力」、「弾力性」といったところでしょうか。東日本大震災以後、企業が自然災害などの有事に遭っても事業をどうやってつづけるのか、ＢＣＰ（事業継続計画）作りが国でも奨励される中で、組織のレジリエンスが問われています。

そして、政党の場合、企業以上にレジリエンスが問われる局面が頻繁にあることが特徴であり、政党を舵取りしていく難しさであるとも感じています。それは毎年のようにある選挙という勝負事を宿命として抱えているからです。

今の政党助成金は国会議員数に応じて配分されるので、壊滅的に負けてしまうと組織の存続そのものが危うくなります。実際、民主党は政権転落から5年と経たず、分裂してしまいました。あの自民党でも２００９年の総選挙で民主党に負けて野党になった時、党職員を３割ほども削減したと言われます。

自民党や民主党のように、団体組織や支持基盤によって伝統的に支えられている政党であっても選挙に負けてしまうと根幹が揺らいでしまうのです。

維新のような支持母体や組織票を持たない新興政党は、時の党首のカリスマ性や掲げた政策のタイムリーさで惹きつけて党勢を急拡大させられることもあれば、たった一度、逆風にさらされただけで空中分解することもあります。

政党という組織の特性について、所属議員はお互い「対等」で、民間で言えば青年会議所のように自営業者の集まりに似ていると先に述べましたが、党の求心力を失ってしまうと、人は離れ、組織が分裂する危機にたちまち陥りかねません。

平成以後、数多あった新興政党が誕生しては消えていった中、維新だけが生き残れたのは橋下さん、松井さんといった創業世代の非凡なリーダーシップ、マネジメント力によるところが大きかったと思います。

しかし、松井さんが勇退され、馬場さんが引き継ぎ、これから吉村さんたちの世代へとバトンが継承されていく中で、10年ほどのスパンで政権交代を果たす政党になるためには、組織としてのレジリエンス能力を高めていくことが必要だと思います。

粘り腰のある組織をどうやって作っていけるのか。そこも企業経営にヒントがあります。その1つがガバナンスコードです。

もとはといえば、上場企業で株主軽視の経営や、不祥事が相次いだことを背景に、日本でも導入が進んだもので、企業が株主や顧客、従業員、地域社会の立場を踏まえ、どのように透明・公正かつ迅速・果敢な意思決定を行うようにするかを定めています。例えば、多様な人材を活用できる環境の整備、女性が活躍しやすい制度の導入、社会や環境への対応などを明記します。

最近では、国立大学法人でもガバナンスコードが導入されているのですが、政党でも自民党の岸田文雄現総理が、2021年の総裁選で党改革の公約に掲げ、政界で初めて取り入れました。

その中身はといえば、幹部登用で世代やジェンダーバランスを図ることや厳格なコンプライアンス対応を求めるなど、実際にできているのかは別にして、古い政党から脱皮しようという意欲を示しています。

「最大手」の自民党が乗り出した以上、我が党も危機感を持ってやらなければなりません。私たちも、党改革PTにおいて綱領の見直しを議論し、政党としての「在り方」を規定する基本姿勢を加筆しました。

身を切る改革で、まずは自分たちから姿勢を示すこと、永田町の悪しき慣例慣習にとらわれずに民意を大切にすること、口だけでなく実行を重視すること、何事も透明性を重視することなど、私たちが大切にしている価値観を明記しました。

【政治団体としての日本維新の会】※綱領の中の第4章として追加
参考：https://o-ishin.jp/about/outline/

(1) 身を切る改革
日本維新の会は「政治家を身分から職業へ」の政治理念のもと、政治家の既得権に厳しく切り込み、政治および行政に対する不断の改革を行うとともに、その模範となるべく先ずは率先して政治家が身を切る改革を断行する。

(2) 民意に基づく政治
日本維新の会は古い政治に対する国民の怒りから発足した政党である。従って政策決定においては常に国民の理解を重視し、永田町や霞ヶ関をはじめとした政治・行政側の論理や慣行に迎合することなく、常に国民の目線に立ち、国民が納得のいく政策の実現を指向する。

(3) 実行する政治

日本維新の会は現実を変えるための政治集団であることを自負し、机上の理想論を積み重ねることよりも現実的な政策を実行することを重視し、それにより国民生活を豊かにする。スピード感のある意思決定と、決めたことを実践する実行力によって国民の政治への信頼を回復し、もって党勢の拡大を図る。

(4) 透明性

情報の徹底した公開は民主主義の根幹である。日本維新の会は重要政策の決定に際して、政治のブラックボックスを徹底して排除し、国民的な議論を踏まえた上で意思決定を行う。

(5) 組織

① 日本維新の会は、これまでの国・都道府県・市町村の議員がピラミッド型に並ぶ中央集権型の政党とは異なり、国と地方の水平的な役割分担のもと、地方から国を変えるための政党として、各議会議員が組織内の役割を分担する。

② 特別党員の公認、処分およびその他一切の賞罰については、その合理性、一貫性、および透明性の観点から意思決定プロセスを組織内に明らかにし、別途党規約に定める明確で統一的な基準を持って運用にあたる。

③ 綱領および党規約の改正にあたっては党大会を最高意思決定機関とし、民主的な手続

きの元、構成員の総意を持って決定するものとする。

では、自民党との違いはどこか。それは、ここまで述べてきた中期経営計画や維新八策の政策思想に基づいたものになることは言うまでもありません。

すなわち、私たちが目指す政治は微修正ではなく社会システム自体の大改革です。その1つに、私たちは地域政党発の国政政党として、真の地方分権を掲げ、統治機構改革を訴えていますが、党内の組織構造においても国会議員も地方議員もフラットな関係にあるのは自民党との大きな違いです。

人事も年功序列にとらわれずに能力本位にする、政党ガバナンスの透明性と公開性を高めていく……といった要素を具体化していくというのが基本的な方向性です。

ガバナンスコードのような〝社内ルール〟は一見すると、外部の人には関係ないようですが、自分たちが日常的にどう活動していくべきかの指針になりますので、巡り巡って、国民の皆さんや社会からの評価に耐える組織を作っていくことにつながります。

維新の会はまだまだアーリーステージのベンチャー政党

結党から十余年が経ち、創業者の1人である松井一郎さんが勇退されるタイミングで、維新のこれまでとこれからを論じる報道も増えました。

好意的なものがあるのと同時に、批判的なものも多いですが、民主主義社会において、事実に即している限りはメディアの皆さんにもきびしく叱咤いただくことで私たちの組織も鍛えられていくものだと、ありがたく受け止めています。

過去に維新が「非大阪」の政治勢力と離合集散した歴史から、朝日新聞（2023年3月19日デジタル版）は、松井さんという「重し」がなくなることで党の結束が維持できるのか、不透明感が増すように論じていますが、その朝日の記者さんでも、大阪での基盤の底堅さと大阪の行政運営で実績を作ってきたことが、政党として一定の勢力を保ちつづけられる理由として認めざるを得ないようです。

自民党と覇を競うだけの、中長期で政権を担当できる政党を目指すには、地に足のついた政治をしていなければなりません。税金を納めてくださる国民本位、生活者が足場にしている地域・地方のための政治です。

少数のカリスマ政治家がうねりを起こし、一時的に民意をつかんで躍進しても、そのカリスマがいなくなった後に尻すぼみになってしまってはいけません。そのことはこの30年の政治の歴史を見てもあきらかだと思います。「テレビでしか見たことがない政治家や政党」では長つづきしないのです。

大阪の行政運営というと、橋下さんや松井さん、吉村さんといった知事や市長に注目が集まりますが、全国津々浦々に維新スピリッツを持った議員が根を張り、「私の街の維新の議員さんといえば○○さん」と言ってくださるようにならなければいけないと思っています。

その意味で、維新はまだまだアーリーステージのベンチャー政党。これからです。

地方議会でも国政と同様に、議会の高齢化が進み、女性や若者がほとんどいないところも珍しくありません。そうした議会では、特に政治的なつながりが薄い子育て世代、働く女性、障がいのある方々の声、あるいは将来世代の利益など、政治家から遠い人たちの民意を反映する議員の存在は重要です。

市議会議員になった私たちの仲間には、もともとは子育て中の専業主婦だった女性がいます。地域の認可保育園のあり方に疑問を持ったのをきっかけに、「もっと議会で取り上げて市役所にただしてほしい」と一念発起し、最初はたった1人から活動を始めて見事に当選され、今も活躍されています。

また、保険業界のサラリーマンとして20年働いた男性が、地元自治体の生活習慣病の医療費が高止まりしていることをおかしいと思い、地元の福祉行政を変えたいとの思いから、維新の門を叩いて出馬。彼も地盤・看板もない初めての選挙で、新人としてトップ当選を果たしました。

今回の統一地方選で、我が党の地方議員の数を全国で600名以上に増やす目標を達成することができ、800名近くまで増やすことができました。特に150名程度だった大阪以外の地方議員数は、450名を超えて3倍以上になったことは大きかったと思います。

与党にきびしく、野党にきびしく、身内にもきびしく

大阪の皆さんには、私たち維新の会が自民党から共産党まで歴史のある政党に〝ガチンコ〟で闘っているという評価をいただいています。だからこそ大変なご支持を得ているのだと自負しています。

ところが東京のメディアは必ずしもそうではないようで、特に左派系メディアの論調では、憲法改正や安全保障で自民党に歩調を合わせる、あるいは自民党以上に大胆な政策を提案することもある維新の姿勢について、与党でも野党でもない「ゆ党」ときびしく批判されがちです。しかし、これは大きな誤解です。

私たちは遠くない将来、本気で政権を単独で取れるような政党になることを目指しています。「ゆ党」でも、「自民党の補完勢力」でもありません。だからこそ、与党が取り組んでいる政策でも良いものは良いと率直に認めています。いわゆる是々非々です。

「野党として法案に反対した方が選挙でアピールになるだろう」といった考え方は、政権交代がほとんどあり得なかった55年体制時代の発想なのです。**もちろん選挙のことだけを考えていれば激しい対立を演出した方が得かもしれませんが、私たちは「国や国民にとって良いと思う政策であると判断すればそれでいい」というスタンスです。**その意味で、是々非々こそ〝ガチンコ〟なのです。

永田町にいて思うのは、55年体制が崩壊したと言われる割に、政治家もメディアの皆さんも「右か左か」「野党は憲法改正に反対するものだ」といった昔ながらのイデオロギー対立を中心とした固定観念にどこかとらわれているということです。「是々非々」はなかなか理解されなくて歯がゆいものです。

もちろん野党として真っ向からぶつかっていく時もガチンコでやります。自民党は、組織団体の意向を優先し過ぎていて、あきらかに衰退産業であるとわかっていても、いまだに票をそれなりに持っている業界であれば、時代に合わなくなった規制をそのままにすることが往々にしてあります。

その典型と言えるのが農業の規制改革です。誰もが認識しているとおり、農政の最大の課題は「担い手不足の解消」です。現在、担い手がどんどん高齢化し、食料の安定供給にも不安が生じています。だからこそ新規参入の障壁を下げて、適切に産業化してテコ入れすることで新たな担い手の受け皿を確保していくべきなのです。しかし現在の法律では、株式会社が農地を持つことをはじめ、新規参入はきびしく制限されています。

兵庫県養父《やぶ》市の国家戦略特区で「企業による農地取得」を試行したところ、4年間で営農面積を1・5倍に増やすなどの成果が出て、全国解禁を模索する動きがありました。それでも自民党の族議員がこれに反対しつづけました。

そこで当時の菅政権は、全国解禁をすぐに行うのを取りやめる代わりに、必要な調査を行うと閣議決定しました（それもおかしな話ですが）。ところが、期限としていた年度間際になっても調査が行われていないことが、我が党の総務会長、柳ヶ瀬参議院議員の質問で判明しました。政府の方針としてやることが決まっていた調査をサボっていたのであれば、大問題です。おそらく農林水産省は、族議員とその後ろにいる業界団体の顔色を窺っていたのでしょう。このように、改革に後ろ向きな問題が見えてくれれば徹底追及します。

他方、他人にきびしくするのであれば、自分たちの身を律していなければ信頼は得られません。「疑惑は深まった！」と叫んでいた野党の議員が、不祥事で自分が追及される側に回ると、何も説明せずに逃げ回る姿を私たちは何度も目にしてきました。ネットスラングでいうところの「ブーメラン」です。

今後党勢を拡大して所属議員の数が増えてくると、なんらかの不祥事が出てくるリスクもあるでしょう。**しかし、そんな時こそ「身内」にもきびしくしなければなりません。**

維新のガバナンス（危機管理）

恥ずかしながら、我が党も所属議員による不祥事、スキャンダルが表面化することがしばしばあります。いわゆる〝ブーメラン〟が自分たちに返ってくることもあります。選挙で公認する前に極力入念に審査を行っているものの、政党は熱意と善意がベースになっているものなので、リスクを完全に回避することができないのもまた事実です。

だからこそトラブルが起きてからの対応が問われると考えます。ただし、問答無用でいきなり除名をするといったようなきびしい処分を、パフォーマンスでやることは適切ではないというのが私の考えです。

不祥事が起きた時、その議員をすぐに除名したり、辞職させたりすれば、メディアの騒ぎは早めにピークアウトすることもあるでしょう。「人の噂も七十五日」ではないですが、嫌なことはさっさと終わらせるほうが、みなさんの記憶から早く打ち消せます。

しかし小手先のイメージアップ作戦をするようでは、法律を作る側の人間として、あまりにも手続きを軽視しているのではないでしょうか。「この人は人気があるから、今回は軽めの処分にしておこうか」といった感じで、世間の目だけを気にして処分内容をコロコロ変えるのも健全ではありません。

会社組織を経営した経験からも、賞罰は公平に行わないと、組織内部に不信感が生まれ、やがては人が離れるなどして結果的には衰退の道へとつながりかねません。

危機管理の要諦はまず事実関係をきちんと把握し、いち早く説明責任を果たすことです。

時には週刊誌がセンセーショナルに報道するようなことがあるかもしれません。それでも報道が必ずしも正しいとは限りません。何よりも推定無罪の原則が重要です。

その上で、1つ1つ丹念に事実を確認していく。本人が大筋で認めているにしても、報道されている内容と異なる部分があるのか、あるいは情状酌量の余地があるのか。前例があれば、それに即して処分を判断する。前例がない特殊なケースであれば、必要に応じて専門家の意見を伺う。

そうしたプロセスも党規委員会など所定のルールに沿って検証します。最終的な処分をするにも、幹事長の私や馬場代表の個人の判断だけで決めるのではなく、あくまで手続きに沿ってやることです。

近年は週刊誌などが著名人や政治家のスキャンダルを報じると、SNSの普及もあって感情的な議論が先行しがちです。しかし日本は法治国家です。**そして私たち政治家はその法律を作る側の人間だからこそ、冷静に対応することも求められているのではないでしょうか。**

日本の政治家には中長期のビジョンが欠けている

先に述べたように、私が幹事長になってすぐ取り掛かったミッションの1つが、党の中期経営計画を作ることでした。２０２３年春の統一地方選で地方議員の数を全国で６００名以上に増やし、25年秋までに行われる次期衆院選で野党第1党を獲得することを掲げました。

成長する組織は5年後、10年後はどうなっていたいのか、そのためには何をやっていかなければならないのか、ビジョンを言語化することでその組織に所属するメンバーが明確に目標を持つことができます。その本質は民間も政治の世界も変わりません。

他方で政治の世界に来て思うのは、維新に限らず、長期で物事を見ている政治家が意外に多くないことです。昔から永田町で言われる「一寸先は闇」の思いに大なり小なりとらわれているのかもしれません。

「一寸先は闇」という言葉は戦国時代の頃によく使われていたそうです。つまり、明日をも知れぬ戦つづきの世において、武士たちが日々刹那的に過ごす心境を言い表したものなのでしょう。

現代の国政でも衆議院はいつ解散があるともわかりませんから、任期が折り返しの2年を過ぎる頃には与野党を問わず、「常在戦場」の気構えで選挙区を巡る議員が多くなります。

多くの政治家は選挙が最も怖いものです。日々の政治活動に緊張感を持ち、民意に敏感になるという点では悪いことではないのですが、目先の選挙ばかりを意識すると、政策作りも短期的な思考に陥ってしまいがちです。

率直なところ、自民党政権が「先送り」や「微修正」にとどまりがちなのは、票田となる業界団体や既得権側の要望を反映しているからというのが大きいですが、政治家側がそうした短期思考に陥っているのも一因ではないかと考えます。

維新が長らく提案している統治機構改革や社会保障改革、労働市場における抜本改革は、やはり政治家一人ひとりが長期的に物事を見るようにしていないと成し遂げられないものでしょう。

個人レベルで中長期の物事を考えていくには、転職の専門家がよくアドバイスしているように、「過去→現在」と自分自身の経験やスキルを振り返って整理した上で、「現在→未来」とやりたいことを明確に書いていくことです。今回、私が本を書くことも自分自身を「棚卸し」する良い機会だと考えています。


それに加えて、自分の視野を広げつづけなければ、次はどんな政策が求められているのか

という問題意識も持てません。特に新しい分野についてはなおさらです。

私自身は東京にいる時は永田町や霞が関の関係者だけでなく、民間で活躍されている経営者や有識者、メディアの関係者など多彩な顔ぶれにできるだけ多くお会いして幅広い情報をインプットするように心掛けています。

加えて、党運営においては、新しい発想を柔軟に取り入れやすいよう、風通しの良い組織作りをすることも重要だと思います。

新人候補はこうやって発掘する

我が党が将来、自民党に代わって政権を担えるようになるには、国政も地方政治も全国津々浦々に議員を送り出せるようにならなければなりません。

「数を求めると質は落ちる」と言われがちで、自民党や昔の民主党で新人議員が大量当選した時のケースが引き合いに出されますが、数も質も両方を追い求めるべきだと思います。

維新の会が自民党よりも決定的に優れていると言えるのは、しがらみがないが故に能力と意欲があれば、誰にでも政治家になるチャンスを作り出せているところだと断言できます。

自民党は昔から国会議員になりたければ、世襲か官僚出身でないと選挙に出ることすら難しいという実情が少なからずあります。近年こそ公募制を導入し、一部の地方組織で政治塾を開催はしていますが、ベテラン議員が引退して後継者を公募して候補者を選考しても、蓋を開けてみれば前議員の子息が公認されるということが目立ちます。

その点、維新は既得権と距離を置き、しがらみがないのが強みです。2012年に大阪維新の会が政治塾を開設し、歴代、多くの卒業生が巣立っていきました。

かつて政治家になるには「地盤（後援組織）」「看板（知名度）」「カバン（お金）」が必要だと言われていました。しかし政治塾により、老若男女、政治経験の有無は問わず広く人材を募集し、ここでチャンスを掴んだ人たちが地方議員、国会議員、秘書、政党職員などとして活躍しています。私、藤田文武も、大阪維新政治塾の1期生として薫陶を受けた1人でした。

こんな人に政治の門を叩いてほしい

早いもので私が維新政治塾の1期生として政治の世界の扉を叩いてから十余年が経ちます。時が流れて今度は私自身が先輩議員として、政治塾の講師として、1コマを受け持つようになりました。

維新塾に入ってくる方の多くは政治経験がありません。ただし、会社勤め、あるいは中小ベンチャー企業の経営など、それぞれの分野で実績を残されていて、「これまでの経験を活かし、次は国や地域をより良くしたい」という志を抱いておられます。

転職サービスの広告で「自分の市場価値を知ろう」と呼びかけるのをしばしば見かけますが、民間でそれぞれの得意分野で自信をお持ちで「いつでも食べていける」という方にこそ政治の世界に入っていただきたいと思います。

これは単に能力の高い人を求めているからというだけではありません。現実問題として政治家は職業としては不安定です。私自身は最初の選挙で落選しました。念願かなって選挙に通ったとしても地方議員なら4年後にまた選挙を迎えます。衆議院議員であれば任期の半分である2年と経たず解散総選挙になる可能性もあります。選挙にはお金がかかることも事実です。

政治家というのは、落選リスクが付きものの仕事です。我が家には幼い男の子2人がいますが、万一落選した場合でも家族を養っていかなければなりません。仮に政治家を辞めたとしても、いつでも民間で仕事先があるという自信も実は重要です。

次に適性としては、変化や想定外の事態にも耐性がある人が望ましいでしょう。

初めての選挙に挑むと決意した時の私もそうでしたが、地盤も看板もないところからのスタートになります。実際に政治活動や選挙活動を始めてみると、人脈もお金もノウハウも最初からすべて揃っているような候補者はごくまれです。私の対戦相手は親子で代々70年も地元に根を張る政治家一家、対してこちらは地盤も看板もないところからのスタートでした。

塾生には「武器は拾いながら走る」「選挙しながら組織し、組織しながら選挙する」と伝えています。要は割り切って、協力者やお金などの「武器」は拾いながら自分のものにし、チームを強くしながら走っていくしかないのです。ビジネスにおいても、新規参入者がはじめから経営資源をすべて兼ね備えた陣営で戦えることなど、あり得ないですよね。

ただし面白いのは走りながら活動しているほうが、組織は意外に作りやすいということです。一度動き始めてからのほうが課題はより具体的にわかります。例えば「ボランティアが足りない！　日曜日の街宣イベントに穴が開きそう」となったとしましょう。候補者本人、周囲のスタッフはもちろん家族や親戚、学生時代の友人も巻き込んで必死に手当たり次第につながっている人に声をかけ、ボランティアを引き受けてくださる方を探します。そうして戦いながら集まってくださった人たちにお願いし、組織を作っていくのです。

はじめからすべてを兼ね備えた陣営がないように、人それぞれも足りないスキルがあって凸凹はあります。**しかしどんな組織、個人でも言えることですが、勝つまでやりつづけるのだという強い意志と、逆境を楽しむくらいの明るさは絶対必要だと思います。人は明るいところ、前向きなところに集まる。これこそが、私がいつも心がけていることです。**

若い世代に選挙への関心を持ってもらうために

日本という国が傾きかけているのに、年代を問わず、政治・選挙への関心が低下しています。平成最初の衆院選となった１９９０年の投票率は全体で73・31％あったのが、２０２１年の衆院選では55・93％にまで低下しました。これは戦後３番目の低水準でした。

20代の投票率となると、さらにきびしくなります。１９９０年の時点では57・76％ありましたが、21年は36・50％でした。ちなみに選挙権年齢が18歳に引き下げられた過去２回の選挙で、10代の投票率は40・49％、43・21％。20代よりも少し高めに出ています。

若い世代の投票率が高くないのは昭和の頃からで、世界的にも同様です。そもそも少子化が著しい我が国では世代別の人口数でも少ないのです。団塊世代（70代半ば）は６００万人近くいるのに対し、18～20歳は３５３万人しかおらず、数の上では次世代の声は反映されづらく、投票に行くモチベーションが上がりにくいかもしれません。たしかに国政選挙や東京都知事選といった大型選挙になるほど、若い人にとって自分の思いが反映されたのか実感は持ちづらい面もあるでしょう。

ただし「自分ごと」で捉えるようになると、政治への関心を急に持ち始めることもあります。

私がよく見聞きするのは、子育てを始めたお母さんが保育所の定員オーバーで待機児童の当事者となり、行政や政治のあり方に疑問を持つようになった話です。維新にも他党にも子育て政策への不満をきっかけに立候補する若い世代はよくおられます。

身近な地方の政治、お住まいの市区町村の選挙はきっかけの1つになるかもしれません。市議選は何十人も立候補されることもありますので、若い世代向けに特化した政策を訴えている候補者もいます。

もちろん維新の候補者は次世代のための政策に力を入れ、大阪では教育無償化をはじめ実績を作ってきました。私の立場としては、維新の候補者にぜひお力添えをいただきたいと思いますが、地方政治、特に市区町村議会の選挙は、立候補者や定数が多い分、自分たちの関心ごとを強く反映しやすいとも言えます。もしご自宅のポストに候補者のチラシが入っていたら捨てる前にお読みになってください。あるいは街中でポスターや演説をしていて気になった候補者がいたら直接質問するもよし、スマホからその候補者のことを検索して、ホームページやブログで何を主張しているのかを確認してもいいでしょう。

維新の会としては、さらに自分ごとと捉えるきっかけとして、若い世代に影響力のあるインフルエンサーの方と吉村さんが対談するネット動画の番組をプロデュースし、これがなかなか好評を得ています。

これまで西村博之さん、モデルのＪＯＹさん、タレントの最上もがさんといった方々にご出演いただきました。１歳の女の子のママさんでもある最上さんが「教育費のことが心配」と不安をぶつけられると、吉村さんが「教育費がかかる（社会）って政治が不十分」と話をされ、私たちが掲げている教育無償化の中身についてわかりやすく説明されています。

この動画企画は、インフルエンサーの皆さんがズバズバと本音で核心をついた発言をされ、吉村さんも率直に答えられています。最上さんが「私の仕事は需要がなければ切られてしまう。政治家も同じであればいいのに」とおっしゃると、吉村さんが「需要がない政治家はクビ」と応じられます。そのとおりですね。

選挙活動にインターネットを使うことが解禁されて10年が経ち、その間、若い世代の新聞、テレビ離れが進んできたことで、私たち政治家の側も若い世代にどうアプローチしていくのか常日頃から試行錯誤しています。

ブログやTwitter（現X）、YouTube……ツールはいろいろありますが、間違いなく言えるのは、事実でないことを言うのはもちろんのこと、誇張して自分を大きく見せようとしても見抜かれて信頼を失うということ。ネットを利用する世代はよく見ています。**本音で体当たりする精神は常に持っていないと、支持されないと思います**。

本当に政権を取れるのか？ 政権担当能力とは何か？

ここまでくわしく述べてきたように、政党に企業と同じように経営の概念を取り入れ、中期経営計画を策定することで短期・中期・長期の行動目標を立てました。これにより、組織全体がどこを向いて走っていくのか明確になり、企業の成長と同じように党勢の拡大につなげていきたいと考えています。

そして実際に、2022年7月の参院選で議席を倍増し、23年4月の統一地方選では地方議員600人以上を遂げることができました。その次の中期目標は野党第1党のポジションを獲得することです。

当たり前のことですが、野党第1党を取るには全国津々浦々で候補者を擁立できるか、それだけの組織体制を作れるか、そこにかかっていると思います。その点、23年春の統一地方選の前半戦となった17の政令市議選で、維新が立憲民主党を上回る数の候補者を擁立できたことは小さくない節目になったと思います。

もちろん、野党第1党になることはゴールではなく通過点です。すべては自民党に代わって政権を担うため。日本大改革を断行して日本を再生することが長期目標になります。

今の我が党は民間企業に例えると、大阪発のベンチャー企業として頭角を表し、やっと上場準備、全国チェーンに飛躍するための第1歩を踏み出した段階と言えます。老舗の最大手企業、自民党に伍せる存在にならなければなりません。

今はまだ野党第1党になった次のフェーズを詳細に述べることは時期尚早ですが、「維新はどうやって本当に政権を取るつもりなのか？」「政権担当能力を身につけることができるのか？」関心を持たれている方が日々増えているのと同時に、半信半疑に思われているのも感じます。

そこで私なりに現時点で考えている方向性だけお示しします。

2023年の通常国会終盤、岸田総理が記者会見で解散の可能性を尋ねられ、それまでの慎重な口ぶりから一転して「情勢をよく見極めたい」と答えたことで永田町では一時的に猛烈な解散風が吹き荒れました。

結果的には通常国会終了時の解散総選挙は見送りとなりましたが、同じ頃、週刊誌やネットニュースでは、維新が政界再編に乗り出すのではないかと気の早い「憶測記事」が乱れ飛びました。その中には菅義偉前総理が、河野太郎大臣や小泉進次郎さんを引き連れて維新に合流し、新しい改革勢力を作るのではないかといった記事までありました。

一読者としては楽しく読ませていただきましたが（笑）、まったくもってこの時期に出た政界再編記事に根拠などありません。**また、単独で政権を目指す基本姿勢に変わりないことをあらためて強調しておきます。**

たしかに全国津々浦々に組織を根付かせるまでには時間がかかります。しかしこの30年の歴史を振り返ってみてください。新進党にしろ、民主党にしろ、希望の党にしろ、野党勢力が離合集散したところで長続きしませんでした。

民主党は鳩山由紀夫氏、菅直人氏の民主党と、小沢一郎氏の自由党が合併して受け皿を作り、6年で政権交代を遂げたものの、消費税法案の審議を機に小沢氏主導で多数の離党者が出て政権が瓦解しました。結局、理念も政策も一致していない寄り合い所帯では、政権が危機的な事態に陥った時、足の引っ張り合いになってしまうのです。

民間企業でも成長の「時間」を買って組織を拡大しようとM＆Aを急いだあまり、合併後の組織融合に失敗し、対立を引き起こしてお家騒動になったり、シナジーの検討が不十分で事業が不振に陥ったりした事例がいくつもあります。政党とて同じことです。

もちろん合併の選択肢そのものを排除する意図はありません。しかし自民党に取って代わり、10年スパンで政権をまかせていただく政党になるには、少なくとも根幹のところで組織としての基本理念を共有し、首尾一貫してやるべきことをやらなければなりません。そうでなければレジリエンス能力の高い組織にはなれません。それこそが政権担当能力の基礎だと思います。

維新の会の一番の応援団は、既存政党の古い政治慣習を廃し、民間感覚をフル活用した改革を期待する有権者です。まだ議席数の少ないベンチャー政党である我々が、はじめから既存勢力の組み合わせばかりを考えて、他党との選挙協力にばかり注力しているようでは、大政党に飲み込まれて終わりですし、議席数が伸びることもないでしょう。

実際、自民党は総裁選で派閥どうしがものすごい抗争を繰り広げても、最後の最後にまとまるのは、ある意味驚異的な底力だと思います。それがたとえ政権与党の利権を失いたくないからだったとしても、かつての民主党との決定的な差はそこだと思います。

「自民党には政権担当能力はあるが、民主党にはなかった」とよく言われます。たしかに、**3年3か月で終わった民主党に政権担当能力はなかったでしょう。しかし、自民党の政権担当能力にも私は大いに疑問を持っています。自公政権には、きびしい環境に置かれている日本という国を経営する能力はないのではないかという率直な疑問です。**戦後から高度経済成長期という右肩上がりの時代に形作られた社会システムが老朽化しているのに、新しい時代に合わせた本丸の構造改革はまったく進まない。その結果、この30年の日本は、給与水準は上がらず、GDP（国内総生産）は伸び悩み自然増しなくなりました。少子化・人口減少にも歯止めをかけられず、社会保障費をひたすら膨張させ、日本の国を凋落させせつづけました。

この間、ほとんどの時期に政権を預かっていたのは自民党なのです。たしかに日々の業務を無難にこなす能力や、さまざまな利害関係者や既得権者の意見をスムーズに調整する能力はあるかもしれません。しかし**経営に置き換えてみれば、マーケットが激変して業績がどんどん悪くなっているのに、古いビジネスモデルとしがらみでがんじがらめになった経営環境から抜け出せず、減収減益で借金ばかりが増えていき、世界から取り残され、大企業病で抜本的な経営改善ができずに沈んでいく――そんな流れを変えることができない古いタイプの経営者が自公政権なのです。**

維新は、過去の遺産を食いつぶして生きていくことを潔しとしません。そのために、まずは自力で政権を取る力をつけていく。そして1年でも長く政権をまかせていただけるような統治能力、信頼を築き上げていく。そのためにはどのような政党組織を作っていくべきか、歴史に学びつづけなければなりません。機会があれば民主党政権失敗の当事者の方々にも直接お話を聞くなど、私なりに研究を重ねています。今は眼前の野党第1党達成に全力投球中ですが、その次のフェーズを見据え、少しずつ構想を練っています。

現在の延長線上に解決策はない。日本大改革プランの目指すもの

私が起案者となって提示した政策パッケージ「日本大改革プラン」について、あらためてまとめておきたいと思います。

繰り返しになりますが、今の与党、自民党・公明党の政治では経済政策も社会保障政策も「現状維持・微修正」の繰り返し。老朽化や金属疲労が著しいのに、その場しのぎの改修工事で家の建て替えを先送りしているのと同じです。

これに対し、維新が目指している政治は、そうした与党の政策へのアンチテーゼも含め、アフターコロナの時代に日本の国をどのような社会システムに変えていけば経済が活性化し、同時に格差解消が導かれるのかということを考えたものです。

政府与党を批判するだけでなく、政府与党が提示する政策や社会システムがA案だとすれば、野党はそれに対するB案を提示する。それら2つを並べた上で論争を国民の皆さまに見ていただく。そのためには、部分改革ではなく、包括的な政策パッケージとしてどのような社会像を目指していくのかを明示する必要性を感じていました。**そこで「税制」、「社会保障」、労働市場や規制改革などを含む「成長戦略」**

日本大改革プラン：コンセプトレイヤーの整理

経済成長と格差解消を実現するグレートリセット

政策分野	税制	社会保障	労働市場
政策目的	・公正公平な再分配 ・フロー活性化による経済成長	・チャレンジのためのセーフティネット ・ユニバーサルな社会保障	・何度でも再挑戦できる働き方 ・マクロでの生産性向上 ・賃金水準向上
政策方針	・税体系一体での改革 ・シンプル化、不公平の是正 ・フローからストック ・所得と資産の捕捉	・企業依存型からの転換 ・様々な不公平の是正 ・あらゆる「壁」の撤廃 ・事前給付	・「フレキシキュリティ」 ・雇用の流動化 ・失業時セーフティネット強化 ・再教育、職業訓練の強化
個別政策の検討（例）	消費税、所得税、法人税、相続税、固定資産税、その他税項目 金融資産・金融所得への課税のあり方 総合課税と分離課税のあり方、租税特別措置の整理、マイナンバー制度、行政のDX、徴税権の3層構造、歳入庁、など	ベーシックインカム、給付付税額控除 年金改革、生活保護改革、子育て支援、教育無償化、医療制度の構造改革とDX、介護・福祉サービス、各種控除・所得制限のあり方、など	労働法制、解雇規制の緩和、失業保険（対象、期間、金額）、就職支援、再教育支援、職業訓練、 労働者の権利と義務の整理、雇用インセンティブ税制、助成金の整理・統合・見直し、など

政策の相互補完性

の3分野の構造改革案を具体例として示したのが「日本大改革プラン」です。このように分野横断的に、政策の相互補完性を考えて1つの政策パッケージにまとめ上げたことは、これまでの日本の政党ではほとんどなかったことだと思います。

日本大改革プランは、日本が直面する課題を整理し、危機感を共有するところからスタートします。今、日本はどの世代にも漠然とした不安が蔓延しています。この不安を取り除き、清新で若々しく前向きな社会心理に変えていかなければなりません。人口減少・超少子高齢社会に直面し、GDPは自然増せず、かつて世界を席巻した日本企業の競争力は落ちつづけています。既得権による抵抗によって改革は進まず、流動性の低さが社会の活力を損なっています。社会を不安定化させる不合理な格差は厳然として存在し、国民の可処分所得は下がりつづける。誰もが変わらなければならないとわかっている転換期であるはずなのに、変われず衰退しつづける日本。この流れを断ち切るには、「現在の延長線上に解決策はない」ということを認識し、自民党が得意な現状維持・微修正ではない抜本改革案を示す必要があります。

誰もが突然有事に直面する時代のセーフティネット

コロナショックで浮き彫りになったのは、日本社会のセーフティネット機能の弱さです。人流制限によってさまざまな経済活動に影響がおよび、収入が激変する人が続出しました。**政府は、誰がどの程度困っているのかを適切に把握することができず、適切かつ公平公正に手を差し伸べる手段を持たないことがあきらかになりました。**

一例として、政府が実施した特別定額給付金を挙げたいと思います。誰がどの程度困っているかわからないから、ひとまず全員に10万円を給付しようというものでした。その政策自体は否定しませんが、給付においては作業を市町村に丸投げし、給付までに多大なコストと時間を要することになりました。こういう時に大切なのは「政策目的の明確化」です。国民に現金を一律に給付するということの政策。考えられる政策目的は、①消費喚起を含むマクロ経済政策として、②困窮者への生活支援として、③国民の連帯や団結を後押しするために「みんなでがんばろう」という精神的な意味合いのお金として、この3つです。2021年2月8日の予算委員会にて、武田良太総務大臣（当時）に対して、前年実施された1回目の特別定額給付金の政策目的はなんだったかと問うたところ、簡潔に言うと「③国民の連帯や団結のため」というのが答えでした。

国民の皆さまに対しての行動制限や事業者への営業自粛をお願いする中で、ヘリコプターマネー（大量の貨幣を市中に供給する経済政策）的にお金を配って消費を喚起する政策は、いわゆるアクセルとブレーキを同時に踏むもので、効果が得られにくい事情もあります。実際に、アンケート調査では40％以上が消費ではなく貯蓄に回したという結果が出ています。また、困窮者にきめ細やかに支援するというのも、「定額」で給付するという政策の特性上、効果を最大化するのは難しいわけです。よって、政策目的は「国民の連帯を強めるためのお金」の意味合いでとなったわけです。

私はこの10万円給付を批判するつもりはありません。コロナとの戦いが始まったばかりのあの時期に、最もスピーディに国民の皆さんの手元にお金をお届けする手段として、10万円一律給付が選ばれたことはよかったと思います。実際に、生活費の支えになった方も多くいらっしゃいました。

ではそもそもなぜ「定額」という仕組みを使うのか。これまでも官僚の皆さんと相当議論してきましたが、「細かく把握できないから一律で定額のお金を配るしかない」というのが結論でした。

目を向けるべきこの問題の本質は、これまで約3年間コロナと戦ってきたにもかかわらず、有事対応として事業規模や業種の違いに適切に対応して支援や補償をする仕組みや、きめ細やかに困っている個人を支援する仕組みを作ろうとしてこなかったことに尽きると思います。**これは翻って、日本には有事に対応できるセーフティネットの仕組みが存在しないこと、政府は平時の仕組みの微修正で有事を乗り切ろうとしつづけているということが露わになったとも言えます。**

雇用維持政策の柱である雇用調整助成金も平時の仕組み。各所からの問題提起を踏まえて、特例措置の拡大や期間の延長がなされてきましたが、難解な書類を何十枚も揃える大変さに加え、一時は窓口がパンクし、電話もつながらず、入金も数か月後。また、特別定額給付金の窓口は市町村が担当したわけですが、相当な事務負担増や二重払いなども起こり、大混乱しました。

今回のコロナ禍を乗り越えたとしても、感染症の問題は来年再来年にまた起こるかもしれない。だからこそ、個人も社会全体も、突然有事に突入する可能性を想定した社会システムが求められる時代です。少し専門的な言い方ですが、国民が安心できる「ディザスター・レディ（災害に対する備え）」、「パンデミック・レディ（感染症に対する備え）」な社会を構築する必要があります。コロナを契機として、我々は有事の対応をビルトインした形で平時の社会保障を作り直す時代に直面しているのではないか。それこそが、新しい時代のセーフティネット論です。

100年安心の年金制度はホント？

日本の社会保障やセーフティネット機能は、有事に上手く機能しないことに加えて、平時でも脆弱で不公平です。例として、年金制度と生活保護制度を挙げながら見ていきたいと思います。

現行の年金制度は、賦課《ふか》方式といって、現役世代の負担によって高齢者の給付を支えている構造になっているのですが、基礎年金の財政はすでに保険料だけでは成り立たなくなっており、約50％が国庫負担金と言って税金から賄われています。人口減少・超高齢社会の到来、つまり支える側（現役世代）の減少と支えられる側（高齢者）の増加によって、年金財政は大きくマイナス影響を受けます。**年金制度のスタートから長い年月を経て人口動態のバラン**

スが大きく変わり、その構造自体に無理が生じている状態なのです。加えて低年金・無年金問題も深刻です。基礎年金は、現役時代に満額の保険料を納めた人であれば、月額平均6・5万円程度の給付を受けることができます。しかし、直近の状況を見てみると、給付額が3〜5万円程度の人が200万人以上、3万円以下の人も数十万人レベルで存在しています。この数字はさらに増加傾向が見込まれます。現役世代に目を向ければ、未納率は30％を超えており、この方々は将来の低年金・無年金対象者の予備群なのです。アンケートによると、未納の理由として最も多いのは、「保険料が高く、経済的に支払うのが困難」というものであり、これは国民全体の所得水準の問題、すなわち労働市場問題にもつながっているのです。

きびしい年金財政の持続可能性を高めようとすれば、方法は「入りを増やすか、出を減らすか」しかありません。具体的に言うと、現役世代の保険料を増額する、短時間労働者の適用拡大によって厚生年金の対象者を増加させることで企業の負担を増やし、入りを増やす方法。そして、給付額を減らす、支給開始年齢を遅らせることで出を減らす方法です。**政府が言う「年金制度は100年安心」はあくまで制度自体が持続しつづけるということであり、年金が持つ社会のセーフティネット機能という視点から考えれば、すでに破綻に突き進んでいると言っても過言ではありません。**

現行の生活保護制度も多くの問題を抱えています。不正受給問題はよく耳にするかと思いますが、その他代表的な問題として「捕捉《ほそく》率の低さ」が指摘されています。生活保護水準以下の低所得世帯のうち、制度利用者は約20％程度と言われており、多くのワーキングプア世帯のセーフティネットとして機能していません。また、働くと給付を減らされることから勤労意欲を削いでしまうことや、大学に進学すると給付を減らされることから世代を超えた貧困の連鎖につながるという指摘もあります。これらを「貧困の罠」と呼びます。こうした構造的問題から、生活保護制度は有事における一時的な生活困窮支援には適さないことはあきらかで、コロナや災害のように突発的な出来事で収入が途絶えてしまった人にとっては使い勝手が悪い制度です。にもかかわらず、政府はコロナで苦しむ人へのさまざまな支援を実施した際、不公平であることや漏れ落ちる人がいることへの指摘を受けて、「最終的には生活保護がある」との認識を示したことがあります。確かに間違いではないのですが、これまで述べてきたように、生活保護制度の特徴を考えれば、有事の一時的なセーフティネットとして機能しないことは明白です。

言うならば、生活保護制度は、「狭い対象に、深く支援する、抜け出しにくい制度」と表現できるでしょう。今こそ、制度の穴に漏れ落ちることのない、公平公正なセーフティネットを構築し、有事にも生活保障として対応できる社会インフラを考え直すべきです。

このような問題意識から、維新の会では以前から年金制度の賦課方式から積立方式への移行を主張し、さらに踏み込んで、ベーシックインカムや給付付き税額控除などによるユニバーサルな生活保障の実現などを提言してきました。

ベーシックインカムを提言する理由

これまで述べてきたように、年金や生活保護といった、社会のセーフティネット機能が制度疲労を起こしていることに、私たちは目をつけてきました。**加えて、誰もが失敗を恐れず新しいことに挑戦できる環境を下支えするため、「チャレンジのためのセーフティネット」を再構築しようという発想が根幹にあり、私たちはその代表的な手段としてベーシックインカムや給付付き税額控除を盛り込んでいます。**

ベーシックインカム（ＢＩ）とは、すべての国民に対して、生活を支えられるだけの一定額の金銭を無条件かつ無期限に給付する制度のことで、いまだ国全体で導入された事例はありませんが、世界中で研究され、地域限定での試行実験が各地で行われています。試験的に導

「チャレンジのためのセーフティネット」としてのBI

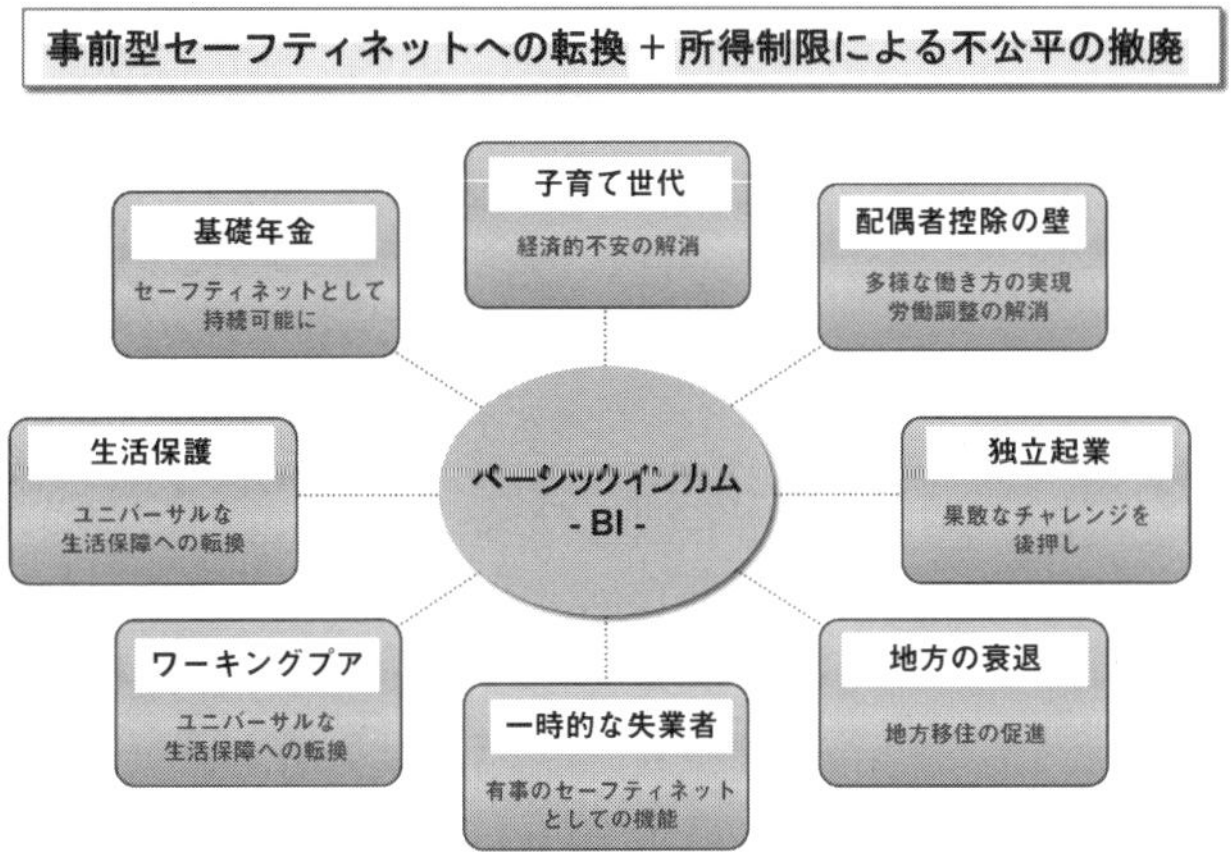

入したフィンランドでは、支給対象者の幸福感を高めたなどの効果も見受けられたようです。

この制度の最大の長所はシンプルであることです。誰にいくら給付するかという複雑な計算や申請が不必要となり、行政の運用コストが小さいことが挙げられます。生活保護受付の門前払いといった、役所の窓口担当者による恣意性や裁量性もなくなりますから、より公平公正な制度ということもできます。

仮に、生活保護をベーシックインカムに置き換えれば、面倒な申請も、不正受給などもなくなります。もらう人の後ろめたさや偏見など、個人の尊厳を傷つけることもなくなり、多くの漏れ落ちている人を救うこともできます。

ベーシックインカムが実現した際に予想され

るプラス効果はたくさんあります。景気対策として有効であるとともに、個人のベース収入が確保されるため、ユニバーサルな最低生活保障が実現することになります。富裕層から中間層・低所得者層への所得移転効果が期待され、格差是正を目的とした精度の高い再分配システムの構築を目指すことができます。また、0歳から給付することにより、子育て世代への支援強化にも効果がある上、全国一律金額にすることで生活コストの安い地方への移住促進にも期待ができると言われています。独立起業のような果敢なチャレンジを後押しすることにもなるし、所得制限や配偶者控除の壁といった既存制度のさまざまな不公平を撤廃することも可能となります。

ちなみに、ベーシックインカムと給付付き税額控除は、同じ政策思想を源流に持ち、似たような政策効果が期待されることから、兄弟・姉妹のような関係と言えます。違いと言えば、所得が確定してから控除額を調整する給付付き税額控除が「事後型のセーフティネット」であることに対して、ベーシックインカムは先に一律給付することによる「事前型のセーフティネット」です。特に有事には事前型のセーフティネットのほうが効果を発揮するとともに、チャレンジを後押しする効果も高くなります。

日本大改革プランでは、年金の1階部分と言われる基礎年金、生活保護、児童手当などを整理統合し、ベーシックインカムや給付付き税額控除に一本化して簡素化するとともに、医療・介護・福祉・教育などの社会保障は据え置き、個別に改革していくことで、持続可能でチャレンジを推奨するセーフティネットを構築するアイデアを提案しています。

就職氷河期世代の最悪シナリオを回避せよ

私は、税と社会保障と労働市場改革をすべて一体的に考え、相互補完し合う政策パッケージで対応すべきだと考えています。就職氷河期世代の問題をシンプル化して、例として挙げてみたいと思います。

かくいう私も就職氷河期の最後あたりの世代です。就職氷河期世代というのは、1970年頃～82年頃までに生まれた世代で、1990年代半ばから2000年代前半に社会に出たり、2000年前後までに大学を卒業し、就職時に雇用されにくかったりした世代のことを指します。経済状況の低迷によって労働市場に「歪み」が生じて、新卒で希望する企業に就職できなかったり、正社員になれなかったりした人が多い世代と言われています。労働市場の入口でこの「歪み」に直面してしまった世代は、非正規での就労となることが多く、その後も賃金水準が低くなることにもつながっていきます。そしてこのことは未婚化や晩婚化の原因となり、場合によってはパラサイトシングル（成人後も親と同居し基礎的な生活条件を親に依存した未婚者）や、大人の引きこもり問題の遠因にもなっています。収入が少ないゆえに、貯金や資産形成が上手くいかない人が多く、経済的な理由から年金の未納率が高い。そして、その世代が老後を迎えると、低年金・無年金問題として表面化し、働けなくなると老後生活保護問題へとつながります。**お気づきになられたかもしれませんが、入口では労働市場の話だった就職氷河期世代問題は、出口では生活保護という社会保障の問題につながっていくのです。**

この負のスパイラルを断ち切るには、労働市場だけを考えてもダメ。社会保障だけを考えてもダメ。小手先の微修正ではなく、社会システム全体を考えてセーフティネットを再構築しなければ解決しない問題なのです。

個別ではなく税体系一体で考える

近年、政治の政界における税制の議題の中心は、消費税と租税特別措置でした。租税特別措置というのは、特定の業界や企業規模、または個別ケースの状況によって、意図を持って減税または免税したり、控除を広げたりするもので、現存するものを数えようとすると把握できないほど数多く存在します。そこで疑問が生じます。1つは、税は消費税だけでなく、法人税もあれば、所得税、住民税もある。ゆえに、社会へのインパクトを考えれば、税項目1つ1つを別々に考えるのではなく、「税体系一体」でどのような税率や構成が良いのかを考える視点が必要ということです。この視点は、政治の世界にはほとんどありませんでした。もう1つは、個別の租税特別措置は、あくまで「特別」の措置であるはずなのに、一度始めたらそれが固定化し、ひどい場合には既得権化し、やめられなくなる。ゆえに、特別措置の数は増えつづけ、複雑化するという問題です。

日本経済の深刻な問題はフロー（経済の流れ）が目詰まりしていて、GDPがなかなか自然増しないこと。逆に、ストック（資産）は個人の預貯金も、会社の内部留保も、どんどん溜まっていってしまっています。

この流れを変えていくために、経済の流れを制約しない「フロー大減税」、具体的には消費税、所得税、法人税という税収の大きな3税を一括して減税するのが効果的だと考えています。特定の業界を優遇するための既得権化した租税特別措置をゼロベースで見直し、税率全体を下げることによってシンプルで公平な制度へ立ち返るべきです。

所得税は、ベーシックインカム（または給付付き税額控除）と組み合わせて設計し、フラットタックス（一律の税率）や総合課税を組み合わせて、給与所得者の手取りを増やす実質減税を行うべきです。フローからストックへというコンセプトのもと、固定資産税の適正化や相続税の廃止などを盛り込んだ税体系一体の改革プランを提示しました。

日本大改革プランでチャレンジがあふれる社会へ

実は、日本大改革プランのネーミングが正式に決定する前、「可処分所得倍増計画」という名前を検討していました。国民負担率が毎年のように上がりつづけ、税金や社会保険料によって給与所得者の手取りが目減りしていく現状を打破したいという思いからでした。経済成長すれば税収は増えます。**税の議論は、単に手段として税率を上げることではなく、結果として税収を増やすことへ意識転換が必要です。**経済活動の巡りをよくするフロー減税をはじめとする税体系一体の改革によって消費を喚起し、個人の可処分所得を向上させるとともに、チャレンジのためのセーフティネットを整備する。企業の競争力を強化することで、成長による税収増を目指す。このような政策方針へ転換すべきなのです。

次に重要なのが規制改革です。政府や自民党は非常に消極的です。私たちは、各分野の規制改革をしっかりやって、民間の活力を最大限に使っていこうということが方向性の柱です。そして、その規制改革の本丸はすべての領域に波及する労働市場改革だと思っています。**労働市場を流動化・活性化し、労働力が成長産業へスムーズに移動することや、適度な新陳代謝を促すことによって生産性の高いマーケットがマクロで実現できるような方向性を目指すべきです。**

労働市場改革というと一部の野党から「首切りをしやすくするのか」と反発する声が出ますが、逆です。前述の就職氷河期世代問題に代表されるように、日本は新卒時に正社員の就職に失敗するとなかなか安定した仕事に就けません。これは市場が硬直化しているためです。岸田政権は労働者のリスキリング（学び直し）に力を入れていますが、労働市場改革なしでのリスキリングでは効果半減です。オランダやデンマークなどで先行事例のある労働市場改革に「フレキシキュリティ」というコンセプトがあります。柔軟性を意味するフレキシビリティと安全性を意味するセキュリティを組み合わせた造語です。労働市場をより柔軟かつ流動的に変えつつ、セーフティネットの強化を同時に組み合わせる政策ですが、まさに今の日本に最も必要なコンセプトとなるでしょう。

私たちの成長戦略は、民間活力をいかに最大化させるかということに尽きます。さまざまな業界でイノベーションや新規参入の足枷《あしかせ》になっている規制を大改革して、民間の持つポテンシャルを開放していく。規制改革の本丸である労働市場改革を進めて流動性と生産性の高い経済を目指していくこと。同時に、チャレンジのためのセーフティネットを整備し、不公平で脆弱な社会保障を包括的に見直していくことです。

そこにある政策コンセプトはあくまで「チャレンジ推奨型の社会」というメッセージが明確であるべきだと思います。これが維新の考える日本大改革プランであり、新しい時代の成長戦略です。

［第四章］

私が政治家を目指した理由

ラグビーでの挫折が原点

この本の最終章では、なぜ地盤も看板もカバンもない私が、政治という特殊な世界に飛び込むことになったのかについて書きたいと思います。「政党を経営する」という概念をここまでお示ししてきましたが、行動する場がどうして政治でなければならなかったのか。ギモンに思われる方も少なくないと思います。

大学卒業後、教師生活を振り出しに社会人になった私は、20代後半から会社の経営者として過ごし、そして30代後半から政治家の道を歩み始めましたが、人生の原点の1つと言えるのが高校・大学時代でのラグビーから得た経験でした。

維新の会には、なぜかラグビー経験者が多いんです。初代代表の橋下徹さん、現代表の馬場伸幸さん、共同代表の吉村洋文さん、選対本部長代行の井上英孝さん、参議院議員の松沢成文さんをはじめ、その他地方議員にもたくさんラグビー経験者がいらっしゃいます。

なぜでしょうか。実は、ラグビーというスポーツはスタープレーヤーの〝個人技〟だけでは絶対に勝てないスポーツだからではないかと私は思っています。イギリスで生まれたラグビーは、戦時には真っ先に戦場に志願することになる若者の教育のために発展した、大変消耗度の高いスポーツです。若者はそこでリーダーシップやチームワークを学ぶのです。

ラグビーのワールドカップが日本で開催され、代表チームの実力も世界的な強豪国に近づくようになり、近年のラグビー人気の高まりには嬉しく思います。子どもたちの間でもサッカー、野球、バスケットボールなどと並んでラグビーはすっかりメジャーな競技になりました。

私がラグビーと出会ったのは大阪府立四條畷高校に入った時です。かつては花園（全国大会）に9度も出場し、1948年には準優勝したこともある、歴史と伝統のあるラグビー部でした。入学前はラグビーのことにくわしくなかったのですが、中学時代のバスケ部の先輩がラグビー部員で、「練習を見に来い」と誘われたのがきっかけでした。

体力に自信のあった私ですが、最初は猛練習についていくのがやっと。特に、数人でパスを回しながらひたすらダッシュをする「ランパス」は本当にしんどかったです。

ラグビーというと肉弾戦のイメージを持たれがちですが（もちろん実際にそうなのですが）、戦術などで非常に頭を使うスポーツだと気づいてから、ますます面白く感じました。

目標は高く花園を目指していましたが、残念ながら大阪府予選で2年時にベスト4、3年時はベスト8止まり。うちの高校から花園ラグビー場まで車で30分ほどの距離でしたが、あこがれの舞台は残念ながら近くて遠いままの存在でした。

ラグビー部の顧問の先生が筑波大学のラグビー部出身であり、非常にお世話になったことから、自分も「筑波大学でラグビーをしてみたい」と思うようになりました。3年間、ラグビー主体の高校生活でしたので学力が足りず、1年間浪人してしまいましたが、なんとか志望どおりに合格することができました。

筑波のラグビー部といえば「国立大学最強」と言われるように、高校でトップクラスだった選手が何人もいて大変レベルの高いところでした。花園未経験で浪人して入ってきた私が試合に出るには何倍も努力をしなければなりませんでした。

必死の努力のかいあって4年生の時にレギュラーの座を……と書きたかったところですが、現実はそんなに甘くはありませんでした。夏合宿中に足首の靱帯を3本切って全治6か月の大怪我をしてしまい、大事なラストシーズンを棒に振りました。松葉杖をつき、心身ともに挫折感でいっぱいになりながら、グラウンドの外から仲間たちの練習を眺めた時の光景は今でも忘れることができません。しかし、それでも心がチームから離れることなく、最後の最後までがんばることができました。**それは、チームにおいて「主務」という重要な役割を担わせていただいていたからです。**

主務とは、チームの運営を裏方として取り仕切るマネージャーです。表のリーダーが主将（キャプテン）だとしたら、裏のリーダーが主務だとも言われます。筑波大ラグビー部の主務は、最終学年時に同級生が話し合って誰にするか決めるのが毎年の慣わしでした。なんとかレギュラーになりたいと思っていた私は、主務を引き受けると練習以外の雑務が増えて足枷になると思い、何度も断り続けました。しかし、主将と副将になる同級生から「藤田、お前以上に上手く主務としてチームを取り仕切れる奴はいない」と熱心に説得され、渋々引き受けました。しかしこれが転機になりました。

主務の仕事は多岐にわたります。チーム全体のスケジュール管理、対外試合の調整、グラウンドや用具の確保や管理、予算作成や収支管理、大学本部やラグビー協会との連絡、地域のボランティア活動、OB会との連携、トラブルシューティングやメディア対応など、運営上のすべてのオペレーションを管轄する立場です。はじめは自分にできるのかと不安もありましたが、引き受けたからには徹底的にやってやろうという覚悟でチームに尽くしました。戦いにおいては、兵站《へいたん》がきちんとしていなければたちまちに負けてしまいますが、主務という仕事は兵站、渉外、内部統制など幅広い任務を含んでいるわけです。

筑波のラグビー部はもともと上下関係の風通しは良い方でしたが、雑用は1年生に押し付けて上級生は悠々としているという昔ながらの体育会系年功序列カルチャーがまだ残っていました。そこで、勝つための組織を作り上げていくため、組織改革や業務効率化などに取り組みます。

具体的な取り組みの1つが、委員会システム。2つ上の先輩方が始めた仕組みをブラッシュアップしつつ組織作りを進めていきました。用具係やメディカル担当、会計や広報といった業務ごとに担当の委員会を作り、主務と副務は全体を統括。1年生は実務を手がけ、2年生がそれをサポート。3年生が監督し、4年生が委員長として責任を負うというシステムを根付かせていきました。体育会の部活動によくある話ですが、何かミスがあれば雑用係の1年生だけが怒られるといった悪しき慣習を完全にやめようと思ったわけです。この「委員会システム」により、4年生の「マネジメント」が失敗すればミスが出るわけですが、責任の所在と指揮命令系統を明確にすることで1年生から4年生までコミュニケーションも活性化し、見違えるように組織が動き出すようになりました。

ちなみに私が卒業してから20年近くが経ちますが、後輩たちがこの委員会システムを活用し、年々改良させていると聞きます。ＯＢの１人として筑波大学ラグビー部の発展に少しは貢献できたのかと思い、嬉しく思います。

主務となった1年間、ほぼ毎日のように監督の部屋に行き、運営面での打ち合わせをしていたことを思い出します。当時の監督は中川昭先生（元筑波大学教授、現京都先端大学特任教授）という、私と同じ大阪出身の大先輩でした。ある時、中川先生がこんなことをおっしゃったことを覚えています。**「筑波のラグビーは、日本のラグビーのために王道をいかなあかん。結果も大事だが、その過程が大事なんや」と。**教員養成機関としての使命を持った東京高等師範学校、東京教育大学を前身とする筑波大学の卒業生は、今でも教員として学校現場を進路に選ぶ人が多い。もし、目先の試合に勝つためだけに、基礎や王道からかけ離れたトリッキーな戦術ばかりにこだわっていたら、大学を卒業して全国各地で指導者となった時に、次の世代を担うラグビー選手にまで影響してしまうんだと。**短期的な目線だけでなく、大局から長期的な目線を持つことの大切さ、そしてなにより基礎を大事にして「王道をいけ」という教えは、今でも私の価値観の軸となっています。**

社会人になってから、ベンチャー企業を立ち上げて成長する組織を作り、いまは「政党ＣＯＯ」として維新の会が与党へと飛躍するための組織改革に取り組んでいますが、ラグビー部時代に主務として選手とスタッフ合わせて約１００名の組織を取り仕切る中でささやかな成功体験を得ることができたことは「原点」の１つと言えるでしょう。「将来は政治家や経営者になってみたい」と思うようになったのもこの頃です。

筑波大ラグビー部は、早稲田、慶應、明治、帝京などの強豪がひしめく「関東大学対抗戦Aグループ」に所属していて、私が学生時代には、リーグ内で5〜6位争いをしていました。5位までが全国大会である大学選手権に出場でき、6位なら出られない。そんな中で始まった序盤戦、4〜6位を争うライバルチームに2連敗して絶望的な状況となり、チームの雰囲気は最悪になりました。しかし、主将や副将をはじめとする4年生が結束し、チーム全体を鼓舞し続けることでスイッチが入ったチームはシーズン中に急成長、30年以上ぶりに優勝候補の明治と慶應の両校を撃破。早稲田には負けましたが、最終順位は3位となり、前評判を大きく覆す好成績をあげることができました。

私は怪我で出場すらできませんでしたが、皆の努力とチームの結束が身を結んだ結果でした。一度や二度の敗戦くらいで諦めることなく、不撓不屈《ふとうふくつ》の精神で取り組む姿勢の大切さ。何よりチームが結束することの強さを学びました。

4年間のラグビー部生活を終え、卒業直前の納会（送別会）では、最後に卒業生が一言ずつ挨拶し、感謝の言葉を述べます。「自分は結構努力したつもりだったけど、レギュラーにはなれなかった。努力しても叶わないこともあるんだな」という気持ちで同級生の挨拶をしみじみ聞きはじめました。

私の同級生はみんな「努力型」で、スタープレーヤーは少なく、社会人のトップリーグで活躍した1人を除いて、全員が雑草みたいなタイプでした。入学当初は、レギュラーになると期待された選手も少なかったのですが、最後は私を除く全員がスタメンに入ったのです。

自分は十分努力をしてきたつもりだったけど、それは自己満足であって、自分以上に何倍も努力してきた同級生がいたことに、みんなの挨拶を聞きながら、はたと気がつきました。正直、とても悔しかったことを覚えています。

私には、何か飛び抜けた輝かしい才能があるわけではありません。しかし、努力は誰にでもできる。努力は無限大なんだと。私の同級生がそうだったように、努力の積み重ねで、自分の思い描いた道を切り拓いてやろう、努力で乗り越えられない壁はないということを自分も証明してやろうと決意した日でした。

怪我ばかりで選手としては大成しなかった私ですが、素晴らしい指導者や多くの心熱いチームメイトとの出会い、そして嫌々引き受けた主務という役目によって、大切なことを学びました。人生は、何が幸いするかわかりません。

電通に落ちて体育教師へ。かけがえのない経験

学生生活も後半になると、卒業後の進路を考え始めるようになります。いきなり起業するだけの自信もお金もなかったので、まずはどこかの会社に入り、スポーツビジネスの仕事で経験やスキルを身に付けていこうと考えました。

大学3年生になった2002年に就職活動をスタートすることになるわけですが、この年はサッカーのワールドカップが日本で開催されました。中田英寿選手や稲本潤一選手ら日本代表チームの大活躍に私も友人たちと連日熱狂しました。同時にスポーツが社会にもたらす勇気と感動の力も実感し、大学でスポーツ産業学という領域でスポーツマネジメントやスポーツビジネスを専攻していたこともあり、自分もワールドカップやオリンピックのようなビッグイベントに携わって世の中に感動を届けたいと思うようになりました。

第1志望にしていたのが電通です。電通といえば誰でも知っている日本最大手の広告会社ですが、オリンピックやサッカー・ワールドカップなどスポーツマーケティングにおいても世界的な実績があります。かつて、サッカーの欧州と南米のクラブ王者が世界一をかけて戦った「ト

ヨタカップ」（現クラブワールドカップ）が日本で毎年開催されていましたが、あの大会も電通が大きな原動力のひとつとなって実現しました。

ＯＢ訪問などを重ねて最終面接へ。講義で学んだこと、ラグビー部の選手生活、主務としての組織作りなどを切々と訴えて役員の皆さまにアピールしましたが、結果は残念ながら不合格でした。

この就職活動の失敗も、私の転機の1つです。その他の企業にはいくつか内定をいただいたものの、第1志望の電通になんとかもう一度チャレンジしたいと思い、大阪の実家へ帰った際、父に1年間就職活動のために留年して、もう一回同じ会社を受けたいと相談しました。一度卒業してしまうと、「新卒採用」の枠からはみ出ることになり、多くの企業ではエントリーすらできなくなるというのが通常でした。そのための裏技が「就職留年」だったのです。**すると父が、「あほか。お前にはプライドがないのか。1年も無駄な時間を過ごして、お前なんかいらんと言われたところに、もう一度入れてくださいとお願いに行くなんてしょうもない。今すぐ卒業して、フリーターにでもなって金を稼げ。そのほうがよほどマシや」と言いました。**

今から考えても、よくそんなこと言うなあと思いますが、父のその言葉を聞いてとても頭がすっきりしたのを鮮明に覚えています。それなら、いつか自分を落とした超一流広告代理店に発注して使う側になってやろう、そのために実力をつけようと思い直しました。

そこで今度は「卒業したら海外留学でスポーツマネジメントをさらに学ぼう」と思い立つようになり、留学先はどこがいいか調べ始めたのですが、学費も必要だし、どうしようかなと思った矢先、恩師から連絡をいただいたのです。

恩師とは私が筑波大学を志望するきっかけになった、母校・四條畷高校のラグビー部の顧問の先生です。先生がちょうど教育委員会に転属することになり、母校に非常勤講師の枠ができることになるから、チャレンジしてみないかという話でした。

大学ではラグビー部の活動、スポーツ産業学などの履修の傍ら、教職課程も受け、体育の教員免許も取得していました。

いまはもう筋肉量が落ちましたが、当時は大学4年間で鍛えていた生活を終えたばかりで褐色の肌に筋骨隆々。ラグビー部のコーチとして、毎日高校生たちと一緒に汗を流しました。当時は新卒採用数が少なかったこともあり、20代の若い教員の絶対数が少なく、学校内でも珍しい存在でした。

今から考えると、世間知らずの生意気で、恥ずかしかったエピソードがあります。4月1日付の赴任だったのに、授業は8日からと聞いていたので4月の5日くらいまで卒業旅行に行ってしまい、先生方をあわてさせてしまったのです。

結局この時は校長先生がとてもおおらかな方で笑って許してくださり、手続き面では事なきを得たのですが、もちろん、他の先生方は「今度来る藤田はとんでもないヤツや」とご立腹でした。しかも、1年の任期を終えた後は留学する予定も聞かされていたわけですから、第一印象は最悪です。

案の定、赴任してから初めて先生方との飲み会に行くと、ある先輩教員から「藤田、お前、なんか先生にはならへんとか言うとるみたいやな。わしらは先生の仕事を命がけでやっとるんや！」とお叱りを受けました。

若気の至りだったとはいえ、「腰掛け」のように思われても仕方のないことでした。ただ一方で私は負けん気も人一倍でした。

赴任してしばらくすると、私をお叱りになった先生が毎朝必ず誰よりも早く出勤して、体育教官室全員の机をピカピカに拭いて、さらには先生方にコーヒーも入れるということをやっているのに気づきました。

「よっしゃ、こっちも負けへんで」

その翌日から私はその先生よりも毎朝30分早く来て、全員の机を拭き、コーヒーを入れる役目を自分から買って出ました。

おそらく先輩の先生もほかの先生方も「藤田はいつまでつづくか」と思われたでしょうが、「絶対に毎朝つづけてやるんだ」と決意したので、たとえ前の晩に飲み会があって睡眠時間が取れなかった日でも早出の出勤は欠かしませんでした。

そうして1年が経ち、非常勤講師生活も終わりを迎えました。その先輩には次のようなことを言われました。

「藤田、お前ずっと俺より先に来て（机拭き）やってたな。前にお前のことは認められへんって言うたけど、人生はいろいろな考え方がある。今はお前のこと認めとるよ。がんばれよ」

先輩の言葉を聞いて、胸に込み上げてくるものがあったのを今でも覚えています。人に認めてもらうことの大変さと尊さ。若くしてそれらを噛み締められたことはかけがえのない経験でした。

ニュージーランド留学で直面した事件

1年の教員生活を終えて念願のスポーツビジネスを学ぶための海外留学に動きます。スポーツビジネスの先進地といえばアメリカが思い浮かぶところですが、私はラグビーをやっていたことからオーストラリアやニュージーランドを留学先に選びました。

この両国はラグビーの強豪ということもありますが、大学で体育学部を出ていた私が編入することができるスポーツ関連の専門学校がニュージーランドにあって、そこで学位を取ると就労ビザが取得できることがわかったのです。卒業したら現地でそのまま就職するか起業をしてみようと思い立ちました。

ただ大阪で生まれ育ち、渡航経験もなかったので英語力が足りないことはあきらかでした。そこでまずはオーストラリアのゴールドコーストとブリスベンへわたり、1年間語学をやってからニュージーランドのウェリントンに向かいます。現地では、ラグビーのクラブチームにも所属してプレーし、試合のないオフシーズンは日本でまだ珍しかったタッチラグビー（タックルの代わりにタッチをするラグビー。女性や子どもも楽しみやすい）を経験する機会もありました。

反面、外国にいたからこそ直面した出来事がありました。ニュージーランドの学校ではアジアから私ともう1人の日本人、そして数名の中国人の留学生がいました。この中国人の彼は英語があまりできなかったのですが、それをいいことに教師の1人が人種差別的な物言いで彼のことを侮辱することがあったのです。加えて、授業の進め方にも疑問を感じるところが多く、とうとう**頭にきた私はようやく慣れてきた英語で「お前の授業は適当過ぎる。発言も不適切だ、ふざけるな！」と精いっぱいの抗議をしたら、ニュージーランド人のほかの学生たちからも「フミ（私）の言うとおりだ」と同調する声が相次ぎました。**

騒ぎが大きくなり、お互いの主張が激しくぶつかり合いましたが、向こうも向こうの文化で動いているとあって謝らない。とうとう私が学生を代表するような形で、学校の執行部と対決することになってしまいました。私自身も問題となった何人かの教師の差別的な言動や謝らない強硬な姿勢に怒りが収まらず、徹底的に戦うつもりでとことん主張しつづけました。

引くに引けない状況になってどうしようかと思っていたところ、以前から私に目をかけてくれていた女性の役員の方に呼ばれて話すことになりました。そこで彼女は「申し訳なかった」と非を認めて謝り、「君の望みは何か」と尋ねてきました。私は「ただ間違いは認めて謝り、行動を改めてほしいだけで、それ以上の要求はない」と答えました。

学校中を巻き込んでの大騒ぎになったこともあって、私は「学校を辞めます」と伝えました。正直、生活を切り詰めてコツコツ貯めてきたお金を使って、目標を持ってここに来たわけで、こうなった以上は、学費は返してほしいとお願いしたら授業料を全額返してくれました。

学校側はよほど申し訳ないと思ったのか、オンラインでレポートを提出すれば学位を出すことまで検討すると申し出てくれたのですが、「私は学位のためではなくて、夢を持って、ここでしかできない経験がしたくてこの国に来たから、学位はいりません」と丁重に断りました。

異国で学び、起業もするという若き日の私の野心はあっけない幕切れとなりました。しかし短いながらに海外で外国人として過ごしたからこそ気づけたことも多々ありました。真心を持ちながらも臆せずに主義主張を伝え、タフな交渉をする貴重な経験もさせてもらいました。

ただ、この「事件」がなかったとしても、私は日本に戻ることになっていたかもしれません。学校を退学することが決まったことを実家の母に電話で伝えた時のことでした。思いがけないことを聞かされたのです。

政治家を志す原点は父の教え

「あんた、誰に聞いたんか」電話越しに伝わる母の声はあきらかに震えていました。最初はなんのことだかわからなかったのですが、次のひとことで私はある現実に引き戻されました。

「お父さん、再発したんよ」

実は留学に行って間もない頃、父の大腸がんが判明しました。手術は成功し、予後も無事に過ごしていました。安心した私は当初の予定どおり、オーストラリアからニュージーランドへと留学生活をつづけていたのですが、よりによって学校を中途退学することになったのと同時期に、定期検査で父のがん再発が発覚したのでした。

「お父さんはね、『覚悟を持って留学したんだろうから、こんなことに（病気に）なってるって知ったら、文武はもう絶対帰ってくるって言うから、言わんとけ』って言うたんやけど……」

久々に話す母の言葉に、父の「らしさ」を感じていました。昔気質で非常に気難しく、とてもきびしかった父ですが、常に芯が通っていました。それでいて強さだけでなくやさしさを兼ね備えていました。

いま振り返ると、父の言葉、生き様にとても影響を受けていたのだと、ことあるごとに実感しています。

私は大阪の寝屋川市というベッドタウンで生まれ、三井団地という府営住宅で育ちました。一人っ子でしたが甘やかされたことはほとんどなく、とにかく躾にきびしい父でした。当時の父は仕事も転々としていたようで、小学生の前半くらいまでは家計はきびしかった記憶があります。

しかし父はそこから一念発起して専門学校に通い、柔道整復師の資格を取得。整骨院を開業します。これが地域の皆さんによろこばれて経営が軌道に乗りました。暮らし向きも良くなり、私が大学に進学する際も奨学金を借りることなく通わせてもらいました。

今でも忘れられないのは大学1年の時、手紙をくれたことです。

（父からの手紙～抜粋～）

大學入學以来半年余り経つが、大學生活にも慣れ、元氣に頑張っていることと思ふ。四年間は長い様で短いものである。しかし何事においても、四年間の努力精進の上には相當なる物が積み上げられる事も事実である。そのことをしっかりと頭において、一日一日を無駄にせず、充実した學生時代を送る様に。

大學時代は肉體的にも精神的にも、如何に最大限に強固な自分自身の基礎を造り上げ、立派な見識を養い高めるかと云う事が一番大事な根本であるので、勉學に於いてもスポーツに於いても、目先の事に惑わず、如何なる事態状況下にも焦らず、腐らず、こつこつと努力精進を怠ること勿れ。

人よりも秀でるには、人の五倍の努力を心懸け、それをなしうる精神と肉體を養へ。病氣をしない、怪我をしない、何事も気にしない、この「三しない」を守り、己が道を黙々と行け。若き日は通り過ぎれば二度とはもどってこない。よくよく悔いを残さぬ様に、精進鍛錬すべし。

君はすぐれた頭脳と身體を戴いて生まれてきた事を自覚し、何事にも自信を持って失敗を怖れず、決して弱氣を出さず、強氣強氣で押して行け。

不撓不屈の精神を持って突き進むべし。

よく食べ、よく眠り、よく考え、よく鍛えるべし。健闘を祈っている。

平成十二年十月十六日　父より

父は典型的な「背中で語る」タイプで、面と向かって褒めてくれたことは少なかったような気がします。それまでは父への反発もあったけれども、胸に沁みて嬉しく、また親父が手紙をくれたことがくすぐったくて、この言葉を忘れまいとその手紙をずっと机に貼ったまま大学生活を送りました。

子どもの頃、政治に関心が強かった父から、「大きくなったら、自分のためにだけではなく、人のため、社会のため、日本のために働きなさい」というようなことを、よく言い聞かされてきた記憶があります。

父の教えはまちがいなく思春期から青年期にかけてインスピレーションになりました。国家観や大局観と言ったら大げさですが、社会をより良い方向に導いていくリーダーでありたいという願望は常に胸にありました。

大学生になると卒業後のイメージを固める段階になります。私が大学2年の時、アメリカの9・11同時多発テロが発生し、世界が激変していくんじゃないか、日本はこの先どうなっていくんだろうかと真剣に考え始めた時期でした。

誰しもが、大学などの青春時代には自分の社会における立ち位置や、なすべきことをめぐって思い悩むと思います。ただでも多感な時期に時代の激動を感じとり、自分には一体何ができるんだろうと思ったものです。そんなとき、人の5倍努力して社会の役に立てという父のくれた指針は、その後の教育者、経営者、そして政治家となっていく私の人生を貫く原動力となりました。

父は私の人生の節目節目で、貴重なアドバイスをしてくれました。大学入学時と同じく、今度は留学に際してもメールでこんな文面を送ってくれました。

「何処へ行っても、人との出会いを大事にして下さい。一期一会です。何れきっと君の人的財産となるでしょう。人の気持ちになると言う事は難しい事です。独りよがりに成っている場合が多々あります。何の見返りも求めない心こそ至誠といふ事でしょう。２００５年３月31日　父」

政治の世界にいると気が重たくなることもありますが、この父のひとことを思い返すと、清々しい気持ちになって思いを新たにできます。

ニュージーランド留学から帰国後、父の闘病生活はつづきました。このメールをもらってから約3年後、59歳で亡くなりました。

組織を大きくするのも潰すのも「人」

留学先から大阪に帰ってきた私は、念願だったスポーツ業界で仕事をしたいと思い、就職活動をします。縁あってスポーツマネジメント関連のベンチャー企業に就職し、同社の社長にかわいがっていただきました。

まだ20代半ばでしたが、持ち前の負けん気は変わりませんでした。社長はもちろん、社内でも早く認められたい一心から、朝早く会社に来て皆の机を拭き、職場の掃除からスタート。そして日が暮れた後、誰よりも遅く帰るという生活を送ります。

朝一番に来て机を拭く……そうです。かつて母校・四條畷高校に体育の非常勤講師として赴任した際、先輩教師に負けないように毎朝体育教官室に一番乗りしてやった机拭きの再現です。

新人でしたが、いつも自分から主体的に仕事を進めました。私の担当は会社が運営するスポーツジムの現場マネジメント。会議を仕切ったり、先輩であろうと物おじせずに言うべきは言ったり……。30人くらいのメンバーを取り仕切るようになり、入社1年半で役員に抜擢されました。社長はきびしい人でしたが、とても人情味があり、仕事の基本を叩き込んでくれた人でした。今に通じる仕事のイロハは、すべてここで学んだと言っても過言ではありません。

一方で、私もまだ若かったので、いつしか傲慢になっていました。

「自分が一番会社のことを考えて、誰よりも長く働いている。実際に結果も出してきたし、何が悪いねん」

こんな調子でしたから毎日のように周囲とぶつかることもあって、辞める人も続出。ひどい時は周りにほぼ誰もいない状態になったこともありました。

「社長が私のことを買ってくれたから役員にしてくれた」と期待に応えたい一心だったのに、私は空回りしたのです。**マネージャーや役員といった立場以前に「人間力」の点で足りなかったのです。**

その頃から社内の年上のメンターのような人たちに相談し、自分の至らなさを謙虚に反省しました。そして人の話をよく聞こうと姿勢を変え、仕事のやり方、部下との接し方なども試行錯誤していく中で、少しは周りがついてきてくれるようになっていきました。

戦国大名の武田信玄が「人は城、人は石垣、人は堀、情けは味方、仇は敵なり」と述べた有名な故事がありますが、この当時の成功と挫折から、会社を大きくするのも潰すのも結局は人なのだということを痛感しました。

ちなみに、迷走していた私の目を見開いてくださった先輩たちの中には、今でも支援者としてお付き合いさせてもらっている方が何人もおられます。うち1人は私の後援会長として最初の選挙からずっと支えてくださっています。本当にありがたいことです。

順風満帆ではなかった独立起業

父の他界から約1年後、28歳で独立を目指して会社を辞めます。若くしてベンチャー企業でさまざまなビジネスの立ち上げにかかわった私は、根拠のない自信に満ちあふれていくつかの事業を手がけていきます。しかし、現実はそう甘くなく、数か月のうちにそのすべての事業に失敗して、手持ちのお金が尽きてしまうという事態に直面しました。意気揚々とスタートした独立起業は、初めから現実のきびしさを知ることになります。中長期的にやりたいことはたくさんある。でも、日銭を稼がないと従業員の給料はおろか、自分の生活費すらままならない。勤め人なら会社が守ってくれるけども、独立したら誰にも守ってもらえない、そんなシビアな現実を目の当たりにしました。しかし塞ぎ込んでいたら何も始まらない。すぐに恥を忍んで、お世話になってきた関係先の社長にどんどんアポを取って頭を下げにいきます。

「社長、私は天才だと思って自信満々で事業を始めましたが、全部失敗しました。来月は売上げゼロです。貯金もゼロです。なんでもするので仕事をください」

その中から数人の先輩方が助けてくれたところから、私の本当の実業家人生はスタートしました。

アーリーステージのベンチャー企業というのは、強固な土台が出来上がる前に、何度も無茶なチャレンジをし、小さな成功と失敗を繰り返しながら成長していくもの。現状維持は衰退の始まりで、数少ないチャンスがあれば思い切って挑戦し、ある程度リスクテイクしなければ大きくなりません。しかし、大きなチャレンジをすればするほど、失敗すれば倒産のリスクと隣り合わせ。かくいう私も、ある時ビジネスチャンスを広げようとした身の丈を超えるチャレンジに失敗し、資金繰りが回らず、倒産の危機を迎えたことがあります。実績も信用もない危機を迎えた会社に、金融機関は融資をしてくれません。来月、従業員の給与は支払えるだろうか、取引先に支払いができるだろうか、そんな状況が経営者一人に降りかかってきます。

そんな時に助けてくださったのも、やはり何人かの先輩経営者でした。取引先を紹介してくれたり、仕事を振ってくれたり、無担保でお金を貸してくれたり、多くの先輩方に助けてもらって危機を乗り切ることができました。

大学時代に政治家を目指し、そのためのステップとして経営者になると決めて独立起業の道へ踏み出したわけですが、文字どおりゼロからスタートし、人を雇い、会社を成長させていくことは、そんな簡単なことではありません。最終的には従業員１００名弱の会社を経営するまでになりましたが、政治家になるための踏み台にしようという安易な考えで乗り切れるほど甘い世界ではありませんでした。

私の名付けた株式会社ＫＴＡＪという社名の由来は「敬天愛人」という西郷隆盛さんが座右の銘にしていた格言の頭文字からきています。天を敬い、人を愛する心。「すべての基は人である」という理念を中心に据えて人材を大切にする経営スタイルを貫いてきました。人は思いどおりに動いてくれません。コントロールもできません。人材のマネジメントとは本当に面倒なものです。しかし、会社を伸ばすのも人、潰すのも人。そこから逃げずにとことんやってやろうと決めてから、会社は良くなり始めました。

現在、株式会社ＫＴＡＪは大阪府内に拠点を置き、スポーツジム、鍼灸整骨院、介護施設・障害福祉施設の運営やコンサルティングに加えて、各種講師やトレーナー・コーチの派遣事業、ＩＴ関連事業、経営コンサルティングなど多角的に展開しています。今はすべて後継に経営を任せ、私は一線を退いていますが、ゼロから立ち上げたベンチャー企業のきびしい経営環境を経験したことで人作り、組織作りの本質を学べました。

障がいを持つお子さんの療育支援に向き合う

私の立ち上げた会社では、障がいを持つ子どもの療育支援施設である放課後等デイサービスを運営してきました。私も当初は現場に立ち、子どもや保護者の皆さんの悩みや将来への不安に向き合ってきました。

現在、発達障害などのなんらかの支援が必要なお子さんの数は年々増え続けていて、小中学校では平均6・5%、つまりクラスに2～3名の子どもが支援を必要としています。加えて、いわゆるグレーゾンやボーダーと言われるような違和感を感じる子どもまで含めると10%程度とも言われています。

一方で、教職員の中で特別支援教諭免許を所持している、または特別支援の専門的知識がある先生は100人に5名程度といわれ、そのうち3名程度は特別支援学校に配置されるので、通常学級の小中学校には100人に2名（＝50名に1人）しかいない計算になります。一般的な公立の小中学校は、平均的に20～30名程度の教員で構成されているので、支援の知識がある先生が1人も存在しないという学校も多いのです。

このギャップは学校現場においては非常に深刻です。子どもにとっても、保護者にとっても、教員にとっても厳しい現実なのです。子どもには適切な療育や進路指導が提供できない。保護者には相談できる相手がいない。支援の専門的知識を持たない先生たちが、障がいを持つお子さんへの療育や保護者のフォローなど求められるわけですが、適切に対応することが難しいというジレンマを抱えながら必死に課題に向き合っています。

他にも構造的な問題は多く存在します。小中学校では担任が毎年変わるなど、継続して1人の子どもの成長を支援できる仕組みがなかったり、放課後等デイサービスなどの民間サービスともっと情報共有すべきなのに学校側にその認識がまったくなかったり……いずれにしても、専門性を持った人材の育成を急がなければならないことは間違いありません。

私やスタッフも、放課後等デイサービスを運営する中で、お子さんの千差万別の課題や、保護者さんの深刻な悩みに多く直面してきました。それらに対して、ひとつひとつ真剣に向き合っていくわけですが、そこで最も考えされられるのは、このような学校現場における構造的問題です。まさに、政治や行政が急ピッチで取り組むべき課題ですが、一方で、これらの問題に対し、現場の状況と構造的課題の両面からちゃんと理解している政治家や行政マンが少ないのもまた現実なのです。

障がいを持つお子さんに対して、いかに適切にアプローチして質の高い療育を提供するかということは、これから日本社会全体で取り組んでいかなければならない課題です。政治においても経営においても、自分のライフワークのひとつとして取り組んでいきたいと思っています。

迷った時に支えになった古典の教え

経営者をやっていると、勝負に勝つためにはどうしたら良いかということを日々考えます。勝負の規模が大きくなればなるほど、仮に大負けすれば、自分はもとより家族や従業員も路頭に迷ってしまいます。そうしたきびしい環境の中で鍛えられ、研ぎ澄まされていく勝負勘というものを大切にしたいと思っているのですが、そこで心の拠り所になるのは「古《いにしえ》の教え」です。孫子の兵法に、「古えの所謂《いわゆる》善く戦う者は、勝ち易きに勝つ者なり。故に善く戦う者の勝つや、奇勝無く、智名も無く、勇功も無し」という一説があります。私はこの一説が特に好きで、社内研修でも、外部で呼ばれる講演などでもよく引用してきました。現代語訳をすると、「昔から戦い上手と言われた人は、勝ちやすい機会を捉えて勝ったものだ。だから、その勝利は人目を引く勝ち方ではなく、智謀は目立たず、その武勇が称賛されることもない」という意味ですが、ひとことで言うと、「勝つべくして勝つ」ということの神髄を説いているのだと思います。

このことは、身の回りに置き換えると誰もが思い当たることがたくさんあるのではないでしょうか。例えば組織内において、ファインプレーや派手な勝利ばかりが賞賛されるような風土になっていると、みんな目立つプレーや大振りのホームランばかりを狙い始め、その結果として勝率は下がり、負けがかさむことになります。短期的に結果の出るような、わかりやすい目立つ仕事ばかりをみんなが追いかけ、地味な仕事に目を向けなくなります。そうして、組織は崩壊に向かっていきます。「勝つべくして勝つ」ことの神髄は、普段は誰も注目しないような地味な積み重ねや事前準備を、どれくらい徹底的にできるかという「先手準備」に尽きます。**そして、そのような一見地味な積み重ねをちゃんと認め合い、賞賛し合えるような風土こそが、強い結束を生み、永続的発展がなせる組織を作ります。**こういう「古の教え」や「原理原則」みたいなものというのは、聞けば「そりゃそうだよね」と思うものですが、実際にやろうと思うととても難しいことですし、自然と身についている人はごく少数でしょう。地味なことを徹底的にやりつづけることは、とてつもなくパワーのいることなのです。

私も20代の頃は、派手な結果やカッコイイ仕事に目を奪われがちだったと反省していますが、いろいろ失敗や苦労も経験して、だいぶ肩の力が抜けてきました。これからも、私の戦い方は、地味で地道なことの積み重ねです。しかしすべては「勝つべくして勝つ」ための積み重ねです。

なぜ私は維新から立候補したのか

私が経営者から政治家を志したのは、「社会の役に立つ」ということの新たな、そしてより大きな舞台に目を開かれたからです。もちろん、会社経営を通じてお客様や取引先の方々のお役に立つことは喜びでした。しかし、会社を成長軌道に乗せているうちに、やはり「日本のために尽くす」という、よりパブリックな所に自分の身を置くことはできないだろうかという思いが日増しに強くなってきたのです。

その頃まさに維新の会が政治の世界に登場しました。

バブル崩壊前から始まっていた大阪の地盤沈下は平成に入っても加速しつづけていました。その理由の1つは、大企業の本社が東京に移転するなど経済構造が変化しているのに、自民党を中心とした大阪の政治が十分な手を打てていないことでした。それどころか昭和の時代からの既得権を守ることに汲々とし、遺産を食いつぶしてばかりでした。

そんな大阪の政治状況に、大阪府議会で業を煮やした松井さんたち改革派の議員たちが「このまま自民党にいても真の改革ができない」と覚悟を決め、自民党を飛び出し、同じ志の橋下さんとタッグを組んで、新しい政治勢力を生み出します。

大阪の古い政治の象徴が、大阪府と大阪市の二重行政でした。大阪市はその頃人口260万（2010年）を擁する政令指定都市。縦割りの弊害があるばかりか、大阪府と権限がかぶるところが多く、府と市が競い合って高層ビルを作ってともに経営が破綻し、莫大な税金が無駄に使われるなど、〝府市あわせ（不幸せ）〟と揶揄されました。

これを解消するには東京都の23区のように、大阪市をいくつかの特別区にわけて身近な行政サービスをより地域実情に応じてきめ細やかに行うと同時に、成長戦略やインフラ作りなど広域行政の大きな仕事は大阪府に一元化することが必要でした。いわゆる大阪都構想です。橋下さんと松井さんは2011年、市長選と知事選を同時に行う「大阪ダブル選挙」に打って出て大勝利を収めます。

最初の維新旋風が吹きはじめた時、自分の中の眠っていた政治への思いが沸々と湧いてきました。それは何よりも、まったく新しい政治をやろうと結党し、ダブル選挙で勝利する創業期の維新のストーリーがあったからこそでした。

世の中の動きとして維新の台頭があった裏で、私個人も会社を経営しているうちに民間にいるだけではどうしようもない現実に直面します。それは法律や制度の壁や不合理です。**私が気づいたのは、国の雇用制度やセーフティネットのあり方が経営の実務や現場の実情とかけ離れていたことでした。**

先に述べたように、私の会社は健康、医療、介護、福祉、教育と手掛けてきましたが、このいずれもいわゆる労働集約型で規制が多い業界です。例えば弊社ではデイサービス事業を手掛けていますが、ケアプランを書き込むなど書類や手続きに膨大な事務処理が必要となります。

当時は紙ベースでしかなかったので、煩雑な作業にさらに悪戦苦闘。各市町村で少しずつフォーマットも違い手書きを求められるものまである。そこに人手不足で採用も進まないとなれば現場は悲鳴をあげてしまいます。この書類作りをもっとDX（デジタルトランスフォーメーション。デジタル革新の意）し、効率化するだけでも生産性は違ってくるはずです。これからの時代は書類の作成に対話型AIを活用するのももちろんありでしょう。介護の質を維持しつつ、現場の実情に合わせて最新技術も使うとなると規制を変えなければなりません。

この事例ひとつとって見ても、古い規制や縦割りの構造が企業活動の足を引っ張っているのです。現場でそれを思い知らされた反面、これを政治の手でルールメイキングできれば日本の企業はもっと活発になると思うようになりました。

その点、維新の会はどの政党よりも規制改革に熱心でした。**何よりも私自身の生き様が、維新のベンチャー気質にぴたりと合っていたことも大きかったです。**

私は、大学を卒業してからどこかの大企業に入って年功序列、終身雇用のシステムに乗って働くというよりは、留学や起業など自分で道を作るほうが好きなタイプでしたから、ゼロから立ち上げたベンチャー政党で大阪を変える、そして国を変えるというのは実にやりがいのある仕事だと共感しました。

ダブル選挙の翌年の2012年、維新が政治塾を開講して政治家志望者を募集すると聞き、門を叩きました。まずは政治の世界はどんなところなのか、社会勉強のつもりもありました。当時、維新の会はまだ国政選挙にチャレンジする前で、まだまだ海のものとも山のものともわからない、未知なる存在の政党でした。そんな政党に、さまざまな職種で活躍している優秀な人材が、塾生として数千人も全国から集い、日夜議論を交わし合うという環境に、新しい政治のうねりと希望を感じずにはいられませんでした。余談ですが、数千人の塾生を10名強のグループにわけて議論などをするのですが、たまたま同じ班だったのが衆議院議員の足立康史《やすし》さんです。足立さんは今と同じく暴れん坊ではありましたが（笑）、説得力の強さは当時から飛び抜けていました。そして、私の担当チューター（指導役）は、現在の大阪市長、横山英幸さん（当時は大阪府議会議員）や、前大阪市議会議員の飯田哲史《さとし》さんたちでした。橋下さんや松井さん、そしてのちに維新を背負っていく吉村さん、松井さんの後継市長となった横山さんたちから直接薫陶を受けられたこと、今や国会議員の中でもトップレベルの政策力を持つ足立康史さんたちと机を並べて切磋琢磨できたこと、何よりも本気で大阪と日本を改革していこうという政治家志望の同志たちとのつながりを得られたこと、あらためて維新政治塾1期生の経験が政治活動の原点になったと思います。

夢が人生を作る。初選挙に挑むも……

２０１２年開講の維新政治塾の1期生ではありましたが、実際に初めての選挙に挑もうと本格的に政治活動をスタートしたのは4年後の２０１６年の年末でした。

経営していた会社が成長軌道に乗り、ようやく挑戦できる環境が整ったところで、地元の寝屋川市、四條畷市、大東市からなる大阪12区から出馬するチャンスが訪れました。

この選挙区は２０１４年の衆院選で維新が初めて候補者を立てましたが、惜しくも落選。新しい候補者を探して公募がスタートしていたところで手を挙げました。数か月にわたる党の面談や選考を経て、正式に「日本維新の会衆議院大阪府第12選挙区支部長」として公認をいただき、政治活動をスタートします。

２０１６年12月22日の早朝。寝屋川駅前の駅立ちからすべてが始まりました。「お、新人か?」、「にいちゃん、がんばりやー!」「維新、応援してるで!」などなど、温かい激励をいただいたことが今でも思い出されます。

地元活動を本格化すると、懐かしい方々とも再会します。その１人が昔お世話になった地元のトレーニングジムのオーナー社長。私が出馬することを伝えると、地元の人脈を増やす機会になればと、主催する新年会に私をお招きくださり、壇上でご挨拶までさせていただきました。

オーナーさんとの出会いは大学卒業後、母校の四條畷高校で体育の非常勤講師をしていた時のことです。地元では「トレーニング好き」のコアなファンが集まっているという噂のジムと出会い、１年後の留学を控えてお金を稼ぎたかったこともあり、ダメもとで「１年間限定でバイトさせてください!」と頼み込みました。

その時、社長が「このジムはオレの夢やったんや。お前の夢はなんや？」と、聞かれました。

社長は、当時マスターズのボディビル大会で優勝するような方でした。今でもたくましい身体つき。真剣なまなざしで私に問いかけてこられます。

若かった私は「自分は1年後から留学して、その後には起業して経営者になって、そのあと政治家になります」と夢や目標を語りました。するとこんな話をしてくださいました。

「経営者も政治家も始める時には夢や志がある者がほとんどやけど、時が経ち、きびしい現実を目の当たりにしたら、多くの人が何かを諦めたり、夢がなくなったり小さく変わってしまったりする。数年後も同じことを言うてたらホンモノや」

そしてその場で1年限定での採用が決まりました。この時、夢や志について問い直す機会をもらいました。

その1年後、留学する直前にジムに挨拶に行った時、油性マジックを渡されて、「この壁になんか書いていけ」と言ってくださったので、私は『夢が人生を作る』と、スポーツクラブの大切な壁に大きく書き記しました。

政治活動を始めてから12年ぶりにジムに行き、自分が書いた文字を久々に目にして、決意を新たにしたこともありました。

初めての選挙戦はその年の秋。当時の安倍晋三総理が「国難突破解散」を宣言し、衆議院を解散、総選挙に突入します。中央政界では小池百合子都知事が希望の党を旗揚げし、自民党に対抗する新しい政治勢力を結集しようとしていました。

一大決戦を控え、維新は小池さんの希望の党、そして大村秀章愛知県知事と連携し、東京・大阪・愛知の3大都市で改革を牽引する「三都物語」を発表しました。そんな政治情勢で迎えた初めての選挙戦でした。

大阪12区は当時、自民党の北川知克《ともかつ》さんというすでに5期務めている現職がおられました。北川さんはお父様が元環境庁（現在の環境省）長官、お兄様が当時の寝屋川市長という政治家一家の出身。この地に70年来培ってきた強固な地盤を有する強敵です。

選挙戦はもう1人、共産党の候補者もいましたが、事実上、北川さんと私の一騎打ちの構図でした。連日選挙区内を走りつづけ、松井さんや馬場さんたちが応援に入ってくださいましたが、結果は北川さんが71614票、藤田が64530票。**惜敗率が90％に達するところまで迫りましたが、あと一歩届きませんでした。**

くやしい敗戦から立ち上がる

初めての選挙での敗戦は本当にくやしかった。選挙の陣営も一からの手作りで、完璧とは言えなかったけれども、本当に多くの方に支えられてどこにも負けない熱量で戦えたとの自負はありました。選挙後に書いた選挙総括と決意のブログにはこんなことを記しています。

（2017年10月30日のブログより引用）

衆議院議員選挙での落選。

敗戦後、いろんな方に温かいお声と、負けてもなお期待をかけてくださるお声をいただきます。負けたんだから、もっと厳しい言葉を浴びせてくれても……と思ったりするのですが、想像以上の皆さんの温かさに感動し、また次へ向かう勇気をもらっております。

さて、次なる挑戦に向かうにあたって、やはり私は経営者なので、自分なりの総括をしておきたいと思います。そして、激闘を終えて感じることを自分のためにも綴っておきたいと思います。なぜなら「勝ちに不思議の勝ちあり、負けに不思議の負けなし（松浦静山『剣談』

より）」が勝負の本質ですから、負けるにはそれなりの理由があるからです。

今回の総選挙は、解散後に短期間で政局がめまぐるしく動きました。選挙前という議員の当落に影響の大きい時期に、しかも短期間でこんなに政局が動くのは、本来ならあまり良いことではありません。大局に立った国家方針や政策よりも、短期的な政局や選挙事情が優先されてしまうからです。しかしそういう時期だからこそ、政界再編が進み、パワーバランスも一変してしまうという現実も直視しなければならないのかもしれません。自分も候補者という渦中にいて、その凄まじい磁力とスピード感を体感しました。

選挙後の今現在も政局は乱れに乱れていますので、有権者からは「あれはなんだったのか？」という率直な批判があるのは当然のことでしょうし、実際に野党再編がいろんな組み合わせパターンを想定して行われるのをみると、国民置き去りの感を否めません。**しかし、この現実から逃げて理想を掲げるだけでは、実行力をもって世の中を良くすることはできないということもまた現実です。**

私の大阪12区では3つの「風」が吹きました。

1つ目は「小池希望」の突風。日本維新の会は執行部のある種の英断によって、「大阪と東京で維新と希望は戦わず」という手打ちを戦略的にやりました。選挙期間中も多くの維新支持者からは「なんで希望と組んだんや！」という厳しいお声もたくさん頂戴しましたが、維新の会発祥の地の大阪に、希望勢力を入らせなかったことは戦略としては間違っていなかったと思います。

また、維新は希望と「組んだ」訳ではありません。大阪以外の多くの小選挙区で激しく戦いましたし、政治姿勢の違いは今後の政局を見ていただければわかることかと思います。

この「風」によって、無所属で出馬予定だった元職が希望の比例単独一位となり、小選挙区からの出馬がなくなったことで、維新の新人候補である私と、自民党の現職の事実上一騎打ちという構図になりました。

2つ目の風は、小池希望の失速のあおりを受けた維新への逆風。各社報道の戦前予想では、全国で自民党が圧勝という報道がなされました。ここ大阪でも、日本維新の会は非常に厳しい風を受けましたし、大阪以外はそれ以上でした。

3つ目の風は、投票日に関西を直撃した台風。台風で避難警報が出るという、ただでさえ投票率が低くなると言われている状況下に追い討ちをかけて、ここ大阪12区では投票率47・5％と、全国平均を5％以上も下回りました。浮動票や無党派層からの支持が比較的多い維新にとっては、非常に大きな逆風となりました。

私の周りの多くの支援者は、２つ目の風「維新の逆風」と３つ目の風「台風直撃」を挙げて、厳しい逆風の中での接戦なんだからよく戦ったと勇気付けてくださいます。しかし、一つ目の風によって自民現職と事実上の一騎打ちの構図になったことは、結果として私にとってはプラスに働いたので、結局「風」の影響はトントンだったと受け止めています。

こうした自分の力では如何ともしがたい「風」の影響を受けるのが国政選挙。そうした中できっちりと有権者の支持を得て勝ち上がることができる候補者が、本当に強い候補者です。**全国を見れば、実際にそういう候補者はたくさんいます。その意味において、自分の力の無さを改めて痛感した戦いでした。**

仮に選挙直前に公認決定を受けたのであれば、準備期間が短かったという言い訳もできます。しかし私は昨年末の時点で支部長に任命いただいているので、約10カ月弱は政治活動期間がありました。だから、全く言い訳はできません。

こうしたいろんな風が吹き荒れる中でもちゃんと有権者の多くの支持を勝ち取り、選挙に勝ち上がる力をつけるには、自分の心がブレないという当たり前のことだけでは足りません。本当の実力が必要なんです。

そして選挙を通じて改めて感じたことは、「選挙は１人の力ではできない」ということ。今回の初陣において、本当に多くの方に助けていただきました。

若い私に期待をかけて投票してくださった有権者はもちろんのこと、いろんな地元事情がある中でも新人の私を支援してくださった支援者が多くいらっしゃったことは、本当に励みになりました。また多くの維新の同志が、まるで自分の選挙のごとく朝から晩までともに戦ってくれました。

そして、組織の無い私の陣営を支えてくれたボランティアの皆さん。

毎日のように事務所で作業してくれた地元の支援者の皆さん。

北は東北、南は九州から駆けつけてくれた友人。

期間中に行くことができないからと一番に寄付をくれた後輩。

最後の演説の場で私を勇気づけるためだけに日帰りで東京から駆けつけてくれた友人。

朝の駅立ちから夜のビラ配りまで雨の中でも一緒に走り回ってくれた友人。

毎日ほぼ寝る暇もなく事務所を切り盛りしてくれた事務局メンバー。

たくさんのメッセージをくれたり、ＳＮＳで情報を拡散してくれたり、選挙区内の人を紹介してくれたり、知人に応援依頼の電話をしてくれたり、寄付をいただいたり、ポスターを貼ってくださったり、もはや言い尽くせないほどの支えによって戦えたこと、本当に感謝が溢れてきます。

計100人以上の人が心意気一つで手弁当で活動を支えてくれました。しかも、そんな忙しい合間を縫って来てくださった皆さんが、一生懸命にビラ配りでもなんでも全力で活動してくれました。

そのことを思えば、今回の敗戦は多くの方の期待に答えることができず、申し訳ない気持ちと悔しさでいっぱいです。**そして、この恩返しをするためには、まずは自分がもっと力をつけなければならないと改めて決意を固くしています。**

私はずっと「最後は思いの強い方が勝つ」と言い続けてきました。だからこの敗戦は、私の思いが全然足りなかったのだと思います。選挙が終わった直後は、自分は精根尽き果てるくらいまでやりきったと思っていました。しかし戦い終えて冷静に見つめ直すと、まだまだ自分自身の詰めの甘い部分が反省としてたくさん見えてきました。

選挙期間中にスイッチが入って猛烈に応援してくださった支援者さんがたくさんいました。私がもっと遠慮せずに自分の本気を真っ直ぐに伝えていたら、もっと早くに熱を入れてくれたかもしれないと思うと、自分の弱さを反省します。

やるべきことや反省点がまだまだあって良かったと思います。さらに、初陣にして今回のような維新逆風の中で戦えて良かった。

これからの藤田文武にさらなる期待をかけてください。

この経験を糧に、政治活動も企業経営もパワーアップさせて社会に貢献し、もっともっと強くなって戻って参ります。(引用終わり)

努力で運を引き寄せる〜念願の初当選

地元で支援してくださる方々の中には、自民党や公明党をはじめ、さまざまな人間関係があり、私のような新参者を応援することで、「なんで藤田なんか応援してるんや?」というようなことを近隣から言われたりして、嫌な思いをされる方もいます。特に何世代にもわたって、古くからその地域にお住まいになっているような方なら尚更です。私のために、下げなくてもいい頭を下げてくださることもあります。そんな中で、リスクを負ってでも「藤田を応援してやる! こいつを一人前に育ててやる。次は必ず勝とうな」と言って支えてくださった方がいらっしゃったことは、本当に励みになりました。

落選から前を向き、再び戦いに向かっていくわけですが、不幸中の幸いというべきか、最初の選挙を一緒に戦ってくれたメンバーや支援者の中で、落選した後に離れていった人はほとんどいませんでした。人に恵まれたことにだけは自信があります。引きつづき党から大阪府第12選挙区支部長に選任され、休む間もなく次の選挙に向けた活動がスタートします。

まずやったことはお1人お1人に「もう一度チャレンジする」という自分の決意を伝えることでした。後になって思うと、これは本当に大事なことだったと思います。**メンバーが皆、敗戦のくやしさをいい意味でリセットし、新たな闘志を燃やすことにつながったからです。**

同時に新規事業に失敗した時と同じで、私もチームのメンバーも選挙戦を徹底的に総括しました。この時、役に立つのが活動記録のメモです。私は最初の選挙からいつ何をやっていたのか記録を残すようにしています。これがあることで、いつどんなタイミングでどのような狙いでビラを作り、何枚配布したのか……といったことが正確に思い起こすことができ、上手くいったこと、効果が今ひとつだったことを検証していきます。

選挙戦に一度出たとはいえ、知名度ゼロから始めてまもない私です。日常の平穏が戻った街中にいかに1枚でも多くの私のポスターを貼ってくださる場所を増やすことができるかが勝負です。

有権者が投票先を選ぶ際に何を重視したのか、さまざまなアンケート調査をしばしば見かけますが、どの調査でも、ネットの時代の今でもポスターは特に効果的な手段という傾向がうかがえます。

政治活動を始めた当初、維新の地元議員にポスター貼りを手伝ってもらいましたが、人が耕した畑にお世話になるだけでは政治家として独り立ちできません。誰かが敷いたレールを走るだけではなく、そこから自分で個人宅など、どんどん開拓していきました。

特にこれはやってよかったなと思うことは、落選した直後に徹底的に街を回り、約2か月でポスターの掲示を300枚程度増やしたことです。そして、最低合格ラインと言われる選挙区内に1000枚のポスターを貼り出すことに成功します。ここまで来ると、街中に自分の顔が並ぶようになり、風景が変わってきたと自分でも感じるようになります。

さりとて相手の自民党候補は70年続く〝老舗〟です。さらに私の最初の選挙には出馬しなかったものの、民主党政権で大臣を経験された樽床伸二さんが再び戻ってくるというので、ますますきびしい戦いになります。

ただ、私はそうした強いライバルと対峙するからこそ相手陣営から「敵ながらあっぱれ」と思われるようにしたいと心掛けるようにしました。

政治活動中、となりに貼ってある相手のポスターが剥がれかかっているのを見たら、直して差し上げることはよくあります。別に誰かに見られることを意識しているわけではありませんが、私のように都市部の小選挙区は狭い地域。それに、ポスター掲示場所を貸していただいている皆様のご厚意を考えれば、なおさらです。まずは日頃の行いからそういうことの積み重ねが大事だと感じています。

地域の集まりに行けば、相手候補ご本人や秘書の方々とよく出会うのはもちろん、北川さん、樽床さんの支援者の方々も大勢いらっしゃいます。もし、そんな席で相手候補の支持者の方々と一緒になったとしたら、この本をお読みのあなたならどうされますか？ 「どうせ話をしても得られるものはないから」と席を立つのはもったいないことだと私は思います。少しくらい話をしたところで支持をいただけるとは思ってもいません。しかしその方々も「有権者」です。まずは真心で接してみることが大事。いろいろな方々の思いをお聞きすることで思わぬ発見や出会いがあるかもしれません。

ある会合で相手候補の支援者だった経営者の先輩と仲良くなっているうちに、気がついたら自分の後援会に入ってくださったこともありました。

たしかにそんな出会いは少ないかもしれません。ただ、結局、人間は心があるので人の心を打たないと政治は動きませんし、支援者も増えないのではないでしょうか。つまらない先入観を持って「この人の業界はどうせ自民党を支持しているのだろう」と決めつけるよりも、一撃必殺のつもりで渾身の直球を投げるように自分の思いをまっすぐ伝えてみると、支持、不支持は別としてきちんと受け止めてくださる方のほうが多いように思います。

2回目の選挙戦は思わぬ形で早く訪れました。最初の選挙から1年余りの2018年12月、北川知克さんがご病気で亡くなられました。まだ67歳。政治家としてはこれからという時だったと思います。

その翌年4月、補欠選挙が実施されることになります。自民党は北川さんの甥《おい》を新たに擁立し、現職だった樽床さんも辞職してのチャレンジ。そして共産党の前議員も参戦しての「四つ巴」の大激戦となりましたが、私は60341票を獲得。2番手の自民候補は47025票にとどまり、初当選を掴み取りました。

北川さんの陣営にとっては「弔い合戦」。私も「この選挙がダメだったら政治の世界は諦める」覚悟で文字どおり全身全霊で戦いました。無党派層の皆さんへの働きかけはもちろんのこと、それまで自民党の支持層だったと思われる方々にも必死で訴えていきました。あるマスコミの出口調査では「敵方」の自民党支持層の24%、公明党支持層の13%が私に投票してくださったと報道されました。

もちろん「敵ながらあっぱれ」を心掛けてきた私の行いが功を奏したというほど選挙戦は甘くはありません。

この選挙戦は直前に大阪ダブル選挙が行われ、知事だった松井さんが市長選に、市長だった吉村さんが知事選にそれぞれ出馬して圧勝したばかり。その余波が大きな力になりました。大阪市で沸騰した維新の熱気は、郊外にある私の選挙区、寝屋川、大東、四條畷の3市にも十二分に伝わっていました。

「勝つか負けるか、最後は〝運〟はあんねん」。最初の選挙で負けた時の馬場さんの言葉が今度は勝利という形になって結実しました。

維新だから立て直せた大阪を夢いっぱいの都市へ

2023年4月9日、大阪府知事選で吉村さんが2期目の当選を決められ、大阪市長選は引退する松井さんの後継となる横山さんが勝利。さらに大阪府議選につづき、大阪市議選でも維新が過半数を確保しました。両議会での過半数獲得は初めてでした。**市議選は中選挙区制で過半数を取るのがどの政党でも難しいとされてきただけに、維新にとって長年の悲願を**

達成した瞬間でもありました。

読売新聞が選挙中に行った世論調査では、維新の府政・市政運営を「評価する」と答えられた人が71％。この数字には、自民支持層の7割強、公明支持層の5割強も含まれているそうなので、これもひとえに橋下さん、松井さんたちが命懸けで進めてきた維新の改革が十年余りを経て、今や支持政党を超えた幅広い層の皆さまに評価をいただけたのだと思います。

維新が登場するまえの大阪は、本当に停滞していました。内閣府の県民経済計算をもとに民間のシンクタンクが分析した調査によれば、90年代後半以降の実質地域内総生産（実質ＧＲＰ）の伸び率において、関西は関東や中部、九州などの他地域にくらべて一貫して下回りつづけました。

１９９５年の阪神淡路大震災を契機に人口の首都圏などへの流出が長期的につづきました。高度成長期の公害問題を理由に関西への工場新設が制限、域外への移転を促す工場三法（２００６年に廃止）が導入された名残で、昭和後期から平成初期にかけ、製造業が流出する構造ができてしまいました。

ところが維新が登場する前の大阪府政・市政は、こうした構造変化に対応できず、税収が落ち込み、埋め合わせの借金が膨らむばかり。とうとう太田知事の時代には、将来の借金返済を目的に貯金する「減債基金」を取り崩すところまで追い込まれてしまいました。バトンを渡された橋下さんが知事就任直後の職員挨拶で、「皆さんは破産会社の従業員であることを認識してください」と痛烈に呼びかけたのは決してパフォーマンスではなかったのです。

維新の時代になってから、大阪府、大阪市は行財政改革を徹底的に行い、財政健全化を進めました。私は若い頃に苦境に陥った会社を立て直した経験からよくわかるのですが、無用なコストが生まれているのに削減できていない場合、そこには長年のしがらみ、既得権者がつきまとっているものです。**橋下さん、松井さんたちは猛烈な抵抗に遭いながらも、命懸けで大改革を断行し、長年の悪弊を断ち切りました。**

そうした積み重ねを十何年もつづけたことで、かつて5000億円を超える穴が開いた減債基金については2023年度中に復元するところまで財政状況を改善しました。税収が戻り、負債を返すようになったところで次世代への投資を敢行。0歳から大学生までの教育無償化を部分的ながら実現しています。

地域経済もコロナ前までは絶好調のインバウンドに支えられ、立て直しに踏み出せました。維新が府政・市政ともに担い始めた2011年、来阪した外国からの旅行者は158万人だったのが、コロナ前の2019年には1230万人と10倍近くにまで増加。日銀の試算で関西のインバウンド消費額は年間で1兆円を超えるようになりました。

コロナ禍でインバウンド経済が大打撃を受けたことで仕切り直しになりましたが、2022年10月に入国制限が撤廃されてから、国際便は急速に回復軌道に乗り始めました。

関西エアポートの調べによると、関空・伊丹・神戸の3空港発着の国際線を利用した外国人旅客数は上半期でコロナ前の19年比で52％にまで回復。23年6月には、コロナ以後で初めて月間100万人の大台に乗せました。8月に入ると、中国が団体旅行客の海外渡航を解禁したことでさらに賑わいが戻りつつあります。

23年3月に発表された地価公示でも、インバウンド効果への期待を反映して、再開発が進む「うめきたエリア」など大阪中心部の商業地は3年ぶりに上昇しました。各種の経済ニュースではアジアの投資家が大阪の将来性に目をつけて投資を加速していることが指摘されています。

この間、個人的にも東京から大阪に戻るたびに目に見えて外国人観光客の方々が増えているのを実感していましたが、インバウンド復活の流れを確実のものとするために必要な手立てを引き続き講じていきたいと思います。

そしてこの景気回復の波を、大阪市内だけではなく、私の地元、寝屋川市、大東市、四條畷市のような郊外も含めた大阪府内全域に、あるいは関西広域にどうもたらせていくか、しっかりと対応していかなければなりません。

民間から新たな産業が生まれ、大阪で挑戦と成長が続くように、さまざまな成長戦略を描いています。具体的には、会社設立数日本一を目指し、設立の無償化や融資制度の改革、国際金融都市を実現し、ベンチャーキャピタルや海外投資家の大阪への投資を促進するための制度などの構築を進めています。

見据えるのは大阪の副首都としての地位を確立することです。日本の国益のためには、首都東京と大阪が車の両輪となって日本経済を牽引していかねばなりません。大阪の人たちがあらためてそんなプライドを持てるような状態に持っていきたいと思います。

かつては、きりもみ飛行をしていた大阪を再浮上・安定させ、夢いっぱいの大阪を取り戻す。私は国政の立場から力強く後押ししたいと思います。

少子化はパフォーマンスでは解決しない

政府が「異次元の少子化対策」を謳い、こども家庭庁が発足しました。私たち維新も、大阪で先駆けて試行錯誤を進めてきた「0歳から大学・大学院卒業まで」の教育無償化を国レベルでどう実現していくか取り組んでいます。

しかしコロナ禍で婚姻数が減少したことが災いし、出生数が80万人を割り込み、我が国の少子化は本当の危機とも言える段階になってきました。正直なところ、少子化問題は特効薬がないと思います。以前、同年代の小泉進次郎さんが大臣時代に育休を取って話題になりましたが、社会への啓発やメッセージ性といったチャレンジを否定はしないものの、具体的な政策ソリューションにつなげることこそが政治の仕事です。私も5歳と7歳の子どもを持つ子育て世代ですが、私が同じ立場ならおそらく育休は取らないと思います。

私が考える政治の役割には「仕組みや制度の構築」と「価値観の啓発」の2つがあります。多くの人は、男性の育休を阻むのは「男のクセに育休を取るなんてあり得ない」的な日本の伝統的風潮のせいだと思っていて、小泉進次郎さんのような有名な人が育休を取れば、社会全体でみんな取れるようになると印象づけています。個別事例を見ればたしかにその一面はあります。しかしこれを大多数に当てはめるのはミスリードですし、本来目を向けるべき論点に目が向けられなくなります。

こういう発想が出てきやすい人は、大企業とか公務員とかをイメージして言っていて、比較的恵まれた境遇の方が多いのです。おそらく、まわりの友人や知人に、良い大学を卒業して大企業に勤めている人とか、公務員とか、起業してすでに成功している人とかが多いのかもしれません。

たしかに、比較的経営資源が豊かな大企業では働き方改革を進め、育休を取得しやすい雰囲気を作ることがソリューションになる現場もあります。ある大手商社で女性社員の出生率が劇的に向上したことが話題になりましたが、できるところはぜひやっていただきたいと思います。

一方で、私がここで指摘したいのは、もっと構造的な課題です。中小企業の従業員は育休取得が簡単にはいかない現実があります。

男性の子育て世代は働き盛りでもあります。中小企業におけるこの世代はエース級です。仮にこのエース級が育休期間を最大限取ると、収益として数百万円や数千万円のダメージを受ける企業がたくさんあります。場合によっては、お店や部門を閉鎖することもあるのです。医療、介護、福祉などの分野で施設の人員基準に該当する職責者が長期休暇を取ると、事業所を閉鎖するしかないケースもあります。

社員数の少ない中小企業は、一個人の戦力が全社に影響する割合が大きく、欠員が出ても、代わりの採用が難しいのが現実です。今の社会構造では、大企業の正社員が固定化していて、労働市場の流動化が進んでいないからです。

仮に代わりの人員を雇用できたとしても、育休が明けて復職すれば人員過多に陥ります。採用難の時代、都合よく育休期間だけ穴埋めしてくれる代替人員を探すことは至難の業です。

そもそも中小企業の約7割は赤字経営です。社長や上司がいくらやさしかろうがきびしかろうが、自分が育休を取ることと、会社にかなり大きな収益的ダメージを与えることとの、2つの「リアル」の狭間に直面して決断を迫られることになります。

これは正直つらいですよね、本人も会社も。真面目な人や責任感のある人ほど悩むし、手を挙げにくい。これは意識の問題ではなく、構造の問題です。

よくIT関係で成功した起業家が「これを機に業務効率化や人依存体質から脱却すべきだ!」とか、「1人くらい育休を取ってダメージを受ける企業はダメだ!」とカッコよく語るのを目にします。たしかにそのとおりではあります。

しかしながら、中小零細企業はそのステージに達していないところのほうが多く、社会構造を考えれば、これを経営力のなさで片付けるのは乱暴です。企業の生産性は経営力にも依存していますが、一方でビジネスモデルに依るところが大きいのも事実です。

そもそも労働集約型のビジネスモデル領域に属する企業は、1人当たりの売上高や収益といった視点でいう生産性向上をすぐに起こすことは不可能に近いのが現実。そして、生産性向上を成し遂げたＩＴ企業の多くは、そういう労働集約型の企業に支えられているところもたくさんあるわけです。わかりやすい例で言えば、超効率化されたＥＣ企業は、超労働集約型の配達員に支えられているというビジネス構造のようなものです。

ちなみに日本では、中小企業の数は99％以上で、大企業は１％以下。中小企業の従業員は労働市場全体の約70パーセント、そのうち４分の１程度は従業員数20人以下の小規模事業者です。

これらの社会にリアルに横たわる構造的課題は、議員や有名人の派手なパフォーマンスだけで解決される問題ではありません。政策的ソリューションを持ち合わせていないのにパフォーマンスをする議員は、私は無責任だと思っています。

なぜならそういう議員は、自分が一石を投じた（と勘違いしている）問題が進まなかった時には、企業の努力不足として責任をなすりつけるしか手がないからです。

誤解してほしくないのですが、パフォーマンスをすること自体が悪いと言っているのではなく、構造的課題に対する具体的な政策ソリューションを持ち合わせずパフォーマンスすることに嫌悪感があるだけです。

これまでいくつか提案がありましたが、分割取得、時短取得、消化期間の延長には賛成です。また、許認可事業や指定事業の人員基準においては条件付き緩和などの柔軟対応も検討すべきです。

加えて、業種や職種によって事情はさまざまですが、時短やフレックスなどの多様な働き方の推進や、本丸である雇用の流動化をはじめとする労働市場改革とあわせて制度設計を考えるのが本来のあり方だと思います。

育休の問題は、子育て政策であり、社会保障政策であり、労働政策であり、中小企業政策です。

労働市場改革とあわせて、このあたりの政策をパッケージ的に地道に進めていくことが本当の解決につながっていくと考えます。

日本にはびこる不安を払拭するために

少子化の原因を突き詰めていくと何に当たるのか。私は未来への夢や希望が持てないことだと思います。

国政選挙が行われる度にマスコミの世論調査で「重視する政策」で真っ先に挙げられるのが「経済・景気」、次に「社会保障」。近年は「コロナ対策」が上位に入っていましたが、基本的にはこの2大懸案をなんとかしてほしいと国民が思っているはずです。

しかし政治がそれに正面から応えないために問題が先送りされつづけ、特に若い世代が展望を持てないことの繰り返しになってきたのではないでしょうか。**それが政治や社会に対する「諦め」につながっています。**

ある新聞社が少子化に関するアンケート調査で子どもを持つつもりがない人に尋ねた理由を紹介していたのですが、20代の男性が「これから衰退期に入る日本に生まれるのは子どもがかわいそう」と述べていたことには悲しいものがあります。

30年停滞がつづく「経済・景気」にも、年金制度が揺らぐ「社会保障」にも言えるのは、日本が右肩上がりに成長していた昭和の時代を前提とした制度にいまだとらわれているということです。

目指すべきは「脱昭和」。それなのに自民党政権がやってきたことは、現状維持と微修正ばかりで対症療法の繰り返しでした。住まいに例えれば、築何十年も経って屋台骨もぐらつき始めているのに、壁紙を張り替えて見栄えだけは取りつくろって日々過ごしているような状態です。

実は自民党の政治家も特に若い世代は、もう立ち行かないとわかっているのです。以前、自民党内で若手議員たちが社会保障のあり方を討議したことがありました。その中身について維新や私の考え方と少し違うところがあったのはさておき、彼らは彼らの考え方に沿って財源確保のために「こども保険」を提唱したり、厚生労働省の分割再編案を模索したりすることがありました。しかし年功序列の自民党では若手の意見を「聞いてやるか」どうかという程度。選挙区に帰れば、票をたくさん持っているお年寄りや、補助金行政でなんとかやっている業界の団体がいるわけですから、彼らの既得権を脅かす政策を推進するのは相当難しいことです。

年金などの社会保障制度で言えば、維新は給付付き税額控除やベーシックインカム制度への移行を社会システム全体を改革する〝フィロソフィー〟として提起しています。

ただのバラマキとしてのベーシックインカムではなく、すべての社会保障を一本化してしまうというような雑なアイデアでもなく、現代日本の多種多様な社会課題を解決するためのチャレンジングな政策パッケージを示さなければなりません。

まさに、人口減少・超少子高齢社会という日本が直面する構造的問題と、コロナ禍を乗り越え、今こそ国民の皆さんが豊かになるための国家ビジョンや新しい社会システムの提案が必要です。

何のためにそれをやるのか。突き詰めれば、経済を成長させるためです。人間、生活が少しでも豊かにならなければ展望が持てません。「お給料が上がらない」「将来の見通しが立たない」では将来不安ばかり。子どもを持つ気も起こらないわけです。

夢も活力も再び取り戻す社会へ、今こそ政治が果たす使命が大きいのです。

おわりに

決断する政治へ

今の日本を会社に例えると、大企業病にかかっているような状態です。

人口減少で国内のマーケットが縮小している中で、世界の変化は恐ろしく速く進んでいます。デジタル敗戦が典型ですが、昭和の終わりに基盤が完成したビジネスモデルでは成り立たなくなっています。それでも過去の成功体験やしがらみにとらわれて、有能な若手がいても思うように活躍させてもらえない。我が国の政治構造もまた同じような状態に陥ってきました。

戦後の日本政治は、自民党政治の歴史と言っても過言ではありません。確かに自民党には多くの功績があり、素晴らしい人材を輩出してきたことは事実です。しかし、長らく権力を掌握してきた自民党政権は、その権力構造を構築する過程において、既得権で得をしている人たちの声ばかりに耳を傾けるようになり、しがらみから抜け出せない惰性の政治に陥っています。それこそが本書で何度も指摘してきた「現世利益型」かつ「現状維持・微修正型」の政治なのです。国民に負担を押し付ける税制、既得権化してもやめられない補助金、時代の変化に取り残された古臭い規制など、既得権ばかりを守ろうとするインセンティブが政界の隅から隅まで張り巡らされ、未来志向で合理的な改革を阻み、本来大切にすべき民間感覚や経営感覚を失ってきました。

私と同年代でお付き合いのある優秀な自民党議員は、皆さん微修正ではなく大改革が必要なことを知っています。しかし、今のままの政治構造では、大きな方向転換を伴う改革は実現しないでしょう。

なぜなら、いわば彼らは財閥系の老舗大企業に入った新入社員のようなもの。大きなミスさえしなければ、主任→係長→課長→部長といった具合に昇進し、20年から30年も経てば「取締役＝大臣」になるレールが用意されている。そうした組織風土の中では、現状を壊してハミ出るリスクを避けがちです。だから、キャリアを積めば積むほどに高度な利害調整能力を獲得し、少しでもベターな案を実現しようと組織内で努力し続けることになります。それ自体は議員個人の努力としては間違っておらず、むしろ尊いことだとさえ言えます。

ただ、おそらく政治家人生が終わった時に振り返ると、細やかな実績は山ほど積み上がっていたとしても、日本全体の衰退を誰も止めることができず、この大転換期の日本の役に立ったかというと、そうでなかったと途方に暮れるのです。

本書で紹介した自民党の齋藤健衆議院議員の**「平成の30年間は、宿題をやらなかった夏休みだった」**という言葉が象徴するように、日本の根本的問題は、大きな改革を先送りにしてしまう政治構造にこそあると私は思います。

私たち維新の会は、自民党とは全く違う発想を持つ政党です。このままでは日本全体が衰退してしまうのではないかという強い危機意識を持ち、だからこそ、その根本的問題として横たわる政治構造自体を変えなければならない。**経営に例えるならば、マーケットそのものが潰れてしまうのではないかという危機意識の中で、5年で上場し、10年でマーケットシェアをすべて塗り替え、イノベーションによってビジネスモデル自体を大転換しようという発想のベンチャー企業のような存在です。**

世界に目を転じれば、政界では30代、40代のリーダーが躍動し、民間にはチャレンジする若い才能が溢れ、常にイノベーションを狙い、まったく新しいビジネスモデルを生み出しています。政治も行政もそれに対応した法律や政策がどんどん作られ、時代に合わなくなった規制はスピーディに撤廃・改革されます。

2023年に入り、対話型AIのめざましい進化が脚光を浴び、私たちの働き方、ライフスタイルが遠くない将来大きく変わる可能性が現実になってきました。社会はどんどんイノベーションしていく中で、前例踏襲、先送りの政治がつづけば日本は世界から取り残され、先進国から転落してしまいます。

日本という「会社」を立て直すためには、この構造的な病を断ち切る覚悟がいるのです。改革を本気でやる、決断力のある政治家、政党が今こそ求められているのです。

私は日本の将来をまだ諦めていません。

いつの時代にも危機はあり、そこに立ち向かった先人たちがいました。私たちの世代、先輩、後輩、今を生きる人たちにもそれぞれの場所で日本全体を「我が事」と思って立ち上がり、この難局を乗り越えようと情熱を持って行動をする人たちがいると信じています。

この本をお読みくださったあなたもまたその1人です。

今こそ、国民の叡智《えいち》を集め、勇気を持って一緒に進みましょう。

新しい時代を切り拓く日本大改革を。私、藤田文武と日本維新の会は、この素晴らしい日本を再生させるため、これからも全力を尽くしてまいります。

40代政党COO
日本大改革に挑む

著者 **藤田文武**

2023年10月1日　初版発行

装 丁　森田 直（FROG KING STUDIO）
写真　久保秀臣
グラレコ制作　池田育弥／友澤里子
校 正　株式会社東京出版サービスセンター
編集協力　菅野 徹

発行者　横内正昭
編集人　岩尾雅彦
発行所　株式会社ワニブックス
〒150-8482　東京都渋谷区恵比寿4-4-9えびす大黒ビル
ワニブックス HP　http://www.wani.co.jp/
（お問い合わせはメールで受け付けております。
HPより「お問い合わせ」へお進みください）
※内容によりましてはお答えできない場合がございます。

印刷所　株式会社 光邦
DTP　株式会社 三協美術
製本所　ナショナル製本

定価はカバーに表示してあります。

落丁本・乱丁本は小社管理部宛にお送りください。送料は小社負担にてお取替えいたします。

ただし、古書店等で購入したものに関してはお取替えできません。

ISBN 978-4-8470-7322-9